LES AVENTURES

DE

NICOLAS BELAVOIR

PAR

ARIEL DES FEUX.

II

PARIS — 1852.
HIPPOLYTE SOUVERAIN, ÉDITEUR,
5, RUE DES BEAUX-ARTS.

LES AVENTURES
DE
NICOLAS BELAVOIR.

II

PUBLICATIONS PROCHAINES :

LE DERNIER ROI
Par ALEXANDRE DUMAS.
Ouvrage complétement inédit.

DERNIER RÊVE DE JEUNESSE,
Par ED. de BEAUMONT-VASSY.

MÉMOIRES DE TALMA
ÉCRITS PAR LUI-MÊME
ET RECUEILLIS
Par ALEXANDRE DUMAS.
Tomes V et VI.

UN NOUVEAU ROMAN
Par MAXIMILIEN PERRIN.

LE GOLGOTHA DES MARCHANDS
Par ALFRED VILLENEUVE.

LES PROSCRITS DE SYLLA
Par FÉLIX DERIÉGE.

UN NOUVEL OUVRAGE
Par ALPHONSE BROT.

LES SOUPERS DU DIRECTOIRE
Par Jules de SAINT-FÉLIX.

Paris — Imprimerie de H. V. de Surcy et Cⁱᵉ, rue de S.vres, 37.

LES AVENTURES

DE

NICOLAS BELAVOIR

PAR

ARIEL DES FEUX.

II

PARIS. — 1852.

HIPPOLYTE SOUVERAIN, ÉDITEUR,

5, RUE DES BEAUX-ARTS.

XIV.

La vieille hôtesse se conduit mal. Belavoir fait toutes ses confidences au baron, qui devient enthousiaste comme lui.

Madelon, qui malgré ses airs pleins du sentiment le plus éthéré, était une fille forte et vigoureuse, se débarrassa en un tour de main et de l'oreiller et de l'étreinte de sa sœur, et s'étant approchée de la fenêtre, elle l'ouvrit sans considérer qu'il était déjà au moins neuf heures du soir, et qu'à cette heure il faisait un froid de loup. Mais les amoureux sont insensibles à de pareilles considérations, c'est là leur moindre défaut.

La fenêtre ouverte, Charlotte et Toinon entendirent la fin du prélude de la guitare mystérieuse, et à quoi succéda une espèce de toux comme fait un chanteur qui veut s'éclaircir la voix; puis, d'un air conquérant, le donneur de sérénades commença la chanson suivante :

> Ma reine, qui dors sans doute,
> Quand je suis là morfondu,
> Demi-mort, demi-perclu
> Sur la neige de la route,
> J'ai, si tu m'as entendu,
> De la corde de pendu !

— O dieu des amans fidèles ! s'écria Madelon en grasseyant plus fort que jamais et en élevant ses mains au-dessus de sa tête par un geste pathétique, c'est lui! c'est bien lui! je reconnais son genre d'imagination! j'avais donc tort de me tant désoler et de le croire infidèle!

Elle se tut; et, après une petite ritournelle, le chanteur reprit de la même voix assurée :

>   Tu m'entends, pardieu, ma belle!
>   Tu m'entends, c'est résolu!
>   J'ai déjà trop attendu!
>   Au carreau qu'on se révèle ;
>   Pour mieux prouver la vertu
>   De la corde de pendu.

— Quelle imagination! quelle élégance d'esprit! quelle perfection de pensées! C'est lui, c'est lui, mademoiselle, c'est lui, Toinon! Mais le voilà qui se retire, sans doute pour ne pas me compromettre en restant là plus long-temps. Ah! béni soit mille fois et cent mille fois ce jour où le dieu Cupidon me ramène celui que j'aime!

— Est-ce que votre sœur n'est pas un peu folle? demanda Charlotte à Toinon avec un certain sentiment de crainte.

— Je ne crois pas, répondit Toinon; car à part ce sujet, dont sans doute elle va vous entretenir de nouveau, je la crois être comme tout le monde.

L'innocente Toinon ignorait qu'il y a des idées fixes.

Madelon revint se mettre sur son lit: mais elle ne se coucha pas, et resta quelque temps sur son séant, ne prenant pas garde au froid et absorbée dans ses pensées; enfin elle commença à parler, et elle alla tout d'une haleine, interrompue seulement par les exclamations de Toinon, qui lui criait sans cesse et souvent en vain :

Plus bas! on va t'entendre et nous donner des gourmades?

Elle débita ainsi son discours :

— Oui, mon bonheur est parfait! Je ne crois pas qu'il en existe un si grand au monde! Telle que vous me voyez, ma noble demoiselle, je ne donnerais pas ma félicité pour la gloire qui entoure le grand sultan des Turcs; je refuserais d'être reine de France, et je me trouve à envier par les monarques les plus puissans, bien que je ne sois qu'une simple bergère. Ce qui m'arrive ce soir, je l'attends en vain depuis un an! Enfin il est revenu, le maître de mon âme! enfin le maître de mon âme est revenu! Écoutez-moi, et sympathisez à ma joie, comme vous le faisiez, il n'y a qu'un instant, à ma douleur.

Dans le couvent des Dames de la Visitation où j'étais, il y avait un jeune jardinier qui me poursuivait de ses regards avec plus d'obstination que les autres. J'étais jeune, et toute autre à ma place n'eût rien compris au sentiment qui brûlait dans cette figure sans cesse bouleversée par mon approche. Mais ce n'était pas en vain que je lisais chaque soir, pour endormir madame la supérieure, les romans où nous voyons tant de valeureux chevaliers poursuivre de leurs flammes discrètes des dames vertueuses, spirituelles et intelligentes.

Je compris de suite où tendaient les respects de ce garçon. N'allez pas porter de moi un faux jugement! Dès que je vis de quoi il s'agissait, imitant de point en point la belle retenue de la princesse Griffalinde, dans l'*Histoire du Chevalier au Charbon-Rouge*, tome 32ᵉ, page 954, je me mis à fuir mon serviteur et ne lui donnai aucune occasion de m'ouvrir son âme.

Lui, de son côté, paraissait trop timide pour faire violence à ma modestie; un jour, pourtant, poussé sans doute par quelque mauvais génie, il profita d'un moment où je portais à l'office un plat de croquignoles dont Madame la supérieure voulait régaler ses religieuses à la collation, pour me prendre à bras le corps, me donner un baiser sur chaque joue et me dire ces paroles que je n'oublierai jamais :

— Ma petite Madelon, le jardinage m'ennuie, je me sens homme d'esprit, je décampe! Dans peu tu auras de mes nouvelles et nous nous marierons, c'est bien résolu, bonsoir donc!

Je rougis, mademoiselle, en vous racontant ces détails. Je conviens que le langage de mon amant n'était pas relevé, et en toute autre circonstance je l'aurais blâmé vivement de son audace. Mais hélas! je n'en eus pas le temps! Il partit à ce qu'il paraît le soir même, car je ne l'ai plus revu, et, l'absence me portant à l'indulgence, je ne vis plus que l'affection du pauvre exilé et j'oubliai son audace. Mon cœur se plut à faire les rêves les plus charmans sur l'avenir que ne pouvait manquer de me faire un amant fidèle, et de ce moment je ne m'occupai plus que de son souvenir.

Aussi madame la supérieure, prenant injustement ma rêverie pour de la paresse, me mit-elle à la porte, en faisant à ma mère les recommandations les moins charitables. Tous les jours ma mère me bat, mon père me bat, et ma sœur partage une bonne partie de ces mauvais traitemens, parce qu'on assure que je la pervertis. Enfin, je serais la personne du monde la plus malheureuse, si je n'avais pour me soutenir l'amour de mon cher et bien-aimé amant!

mais je ne l'oublierai jamais ! Je sais bien qu'il ne suit pas une carrière qui me satisfasse de point en point; mais que voulez-vous, mademoiselle? tout ne s'arrange pas, dans la vie, ainsi que dans les romans; c'est là une réflexion profonde que vous reconnaîtrez plus tard être vraie; bien qu'en ce moment elle puisse vous paraître invraisemblable.

Mon futur époux n'en a pas moins réussi à se pourvoir à la cour, et il y joue même un certain personnage. En un mot, ce n'est rien moins que Briscambille, le fou favori de madame Catherine !

Jugez donc de mon bonheur en le sachant aujourd'hui de retour et si près de moi. Voilà des mois que je pleure son éloignement. Il aura, sans doute, voulu me complaire en m'apprenant sa présence d'une manière aussi charmante, car il connaît mes goûts raffinés d'élégance. Je suis sûre que demain je le verrai; il viendra à l'auberge, et comme personne, excepté ma sœur, ne soupçonne la passion qui me brûle, je jouirai sans danger du bonheur si parfait de voir près de soi l'être qu'on chérit plus que la vie.

La sensible Madelon termina ici l'histoire de ses amours. Charlotte fut fort étonnée : de sa vie elle n'avait imaginé rien de pareil, et il faut convenir qu'une bonne moitié du galimatias amoureux de la belle paysanne, fut perdu pour elle; cependant, comme elle avait seize ans, elle n'écouta pas sans curiosité le récit qui lui était fait, et elle le prouva en faisant différentes questions pour amener des commentaires. Par malheur, la sévère hôtesse n'oublia pas, cette nuit-là, de venir faire sa ronde.

Quelle que fût la vigilance de Toinon, elle

n'atteignit pas à la hauteur de la ruse maternelle. La bonne femme s'en vint tout doucettement coller son oreille à la serrure de la porte de ses filles, et elle entendit un murmure accusateur qui lui suffit pour légitimer à ses yeux une brusque irruption dans la chambre. Elle courut au lit de ses filles, et fit pleuvoir sur l'une comme sur l'autre une grêle de soufflets.

— Drôlesses, coquines, malavisées! s'écriait la vieille hôtesse tout en battant, n'avez-vous pas de honte d'empêcher cette chère jeune demoiselle de dormir, en lui racontant les sornettes dont vous avez la tête farcie? Et toi, Madelon, mauvaise bête rétive et paresseuse, que maudit soit mille fois le jour où j'ai consenti à t'envoyer chez madame la supérieure! Tu n'y as rien appris qui vaille, et tu m'es revenue plus sotte qu'une oie et plus entêtée qu'une mule!

Tiens, je te baille encore cette claque en plus qu'à ta sœur, pour t'apprendre à jaser la nuit au lieu de dormir. Adieu, Mademoiselle, sans moi, vous n'auriez pas fermé l'œil de la nuit!

Après cette apologie de sa conduite, la vieille, dont les supplications de Charlotte n'avaient pu un seul instant ralentir la furie, sortit de la chambre, et Madelon dit en soupirant, mais bien bas :

— Vous voyez, Mademoiselle, ce que c'est que d'avoir une mère qui n'a pas reçu d'éducation et qui n'entend rien à la sensibilité du cœur!

— Pour moi, répondit aigrement Toinon, j'ai été assez battue aujourd'hui, et je vous annonce que je dors.

— Elle a raison, dit Charlotte, et je vais en faire autant. Je vous engage à nous imiter.

— Ah! vous imiter, répondit la sensible

paysanne, c'est bien facile à dire. Dormez, puisque vous avez le cœur tranquille; moi, je vais penser toute la nuit à mon cher Briscambille.

—Chut! murmura Toinon avec impatience.

—Bonsoir! dit Charlotte.

Les deux jeunes filles sages s'enfoncèrent de leur mieux dans les couvertures; la folle annonça de nouveau qu'elle se préparait à ne pas fermer l'œil, et elle était malgré cela endormie presqu'en même temps que ses compagnes.

Maintenant que le silence est rétabli dans la chambre virginale de l'auberge qui porte le nom séduisant de la Belle-Étoile, nous n'avons plus rien à y faire, et si le lecteur veut me donner la main, nous en sortirons discrètement sur la pointe du pied; et, à travers les corridors obscurs, nous arriverons, s'il plaît à Dieu, sans malencontre, dans la chambre bien chauffée où nous avons établi Nicolas Belavoir et son élève chéri.

Les deux amis avaient d'abord songé à se bien réchauffer, l'un devant le feu, en buvant quelques gorgées de l'agréable tisane, l'autre dans son lit par le même moyen.

Puis, quand l'équilibre se fut convenablement établi entre la température du foyer et celle de son individu, le baron poussa un soupir, et, sans se soucier de réveiller Belavoir qui commençait déjà à sommeiller, il engagea la conversation :

— Eh! Nicolas! dit-il.

— Que voulez-vous, monsieur le baron ?

— Je voudrais te questionner quelque peu sur notre aventure de tantôt.

— Quelle aventure? demanda Belavoir de l'air d'un homme qui se prépare à faire la sourde-oreille.

— Eh! pardieu! de celle où tu as été si

proprement arrangé! Nous n'en avons pas eu de plus remarquable dans cette belle journée, je pense! Pourquoi t'entortilles-tu ainsi dans les draps?

— C'est que je veux dormir, dit Nicolas d'une voix piteuse, je suis tout moulu, tout brisé, et je me sens vraiment bien malade, monsieur le baron.

— Quelles sornettes me chantes-tu là? mon pauvre Belavoir; il n'y a qu'une minute, tu étais gai comme un pinson. Mais je vois où le bât te blesse. Tu voudrais me faire un mystère de tes relations avec le seigneur étranger. Fi! Belavoir! Est-ce que tu te défies de moi? Est-ce que je ne suis pas ton ami? Voilà huit jours que je te connais et huit jours que j'observe la plus grande discrétion sur le point de ton histoire, que je désire le plus connaître, puisque c'est celui que tu as déclaré vouloir me taire. Il est temps que ma vertu soit récompensée. Prépare-toi donc à me satisfaire, ou, ma foi, je me fâche!

— Vous vous fâchez?

— Oui, je me fâche, nous nous brouillons, et je te quitte.

— Nous nous quittons?

— Oui, nous nous quittons, à moins que tu ne consentes à te montrer plus confiant.

— Je vais me montrer comme vous le voulez, dit Belavoir avec un gros soupir. Aussi bien, à quoi bon me taire? Vous me connaissez trop pour me croire capable d'un crime; j'ose espérer que vous m'estimez, et je vais vous raconter, dans toute sa vérité, la lamentable histoire du jeune Gorgebut.

— Gorgebut! as-tu dit? s'écria le baron; Gorgebut... quel Gorgebut?

— Le fils nouveau-né de maître Guillaume Gorgebut, bourgeois de Melun. Vous connaissiez ce petit être ?

— Quoi ! le fils de ma chère Barbette ? Ah ! mon secret m'a échappé. Belavoir, ne me trahis pas.

— Votre chère Barbette ! Vous aimiez la femme de maître Guillaume ? Ah ! jeune homme...., Mais ai-je bien le droit de vous faire de la morale, moi qui suis la cause de la mort de cet enfant !

— Toi, tu as tué l'enfant de Barbette ! Monstre ! avoue ton crime, donne-m'en tous les détails, et ensuite, je t'immolerai à ma juste colère ! Il ne sera pas dit que j'aurai eu sous la main l'assassin qui, sans doute, a fait mourir de chagrin mon adorable Barbette, et que je n'en aurai pas purgé la terre !

Louis, en parlant ainsi, s'était avancé

vers le lit de Belavoir avec un geste furibond. Nicolas se leva sur son séant, et se mit en attitude de défense.

— Un moment, un moment! monsieur le baron, calmez cette fougue irréfléchie! ne confondez pas les pieuses exagérations d'une conscience délicate occupée à se repentir de torts assez légers au fond, avec les aveux d'un scélérat consommé. Sachez que si l'enfant de votre Barbette, que vous feriez beaucoup mieux d'appeler tout simplement la Barbette de maître Guillaume, a péri, je n'y suis pour rien. Faites-moi l'amitié de remettre dans son coin votre diable d'épée, et écoutez-moi tranquillement.

— Corps du diable, Nicolas, prends garde à ne me pas mentir.

— Tenez-vous en repos, vous dis-je, et ne jurez point tant, vous me scandalisez.

Louis alla se rasseoir devant le feu, et s'étant versé encore à boire pour calmer sa furie, prêta attentivement l'oreille au récit de Nicolas. Il est juste de dire que celui-ci, en voyant combien son repentir lui avait fait faire d'indiscrétions, devint très-circonspect, et, tout en restant dans la vérité, tâcha de blanchir sa conduite de son mieux. Il n'omit aucune des circonstances qui pouvaient mettre dans un plus grand jour l'inutile cruauté de maître Gorgebut à son égard, et il arrangea, autant que faire se put, la circonstance de l'enlèvement.

Il ne put, à la vérité, être tellement adroit que d'esquiver les reproches amers et mérités de Louis, lorsqu'il avoua qu'enfin il avait pris l'enfant dans son berceau et l'avait emporté entre ses bras ; mais il parvint du moins à adoucir quelque peu les regrets du jeune homme, lorsqu'il lui eut détaillé tous les soins qu'il avait pris du marmot et avec quelle douleur il s'en était séparé.

Mais lorsqu'il raconta comment, après avoir cédé l'enfant au prince étranger, il l'avait ensuite retrouvé enterré dans le bois, il n'eut aucune peine à faire partager son indignation à son auditeur.

— Tu as raison, s'écria Louis de La Mothe-Baranne avec véhémence, l'étranger est un monstre à figure humaine, et tu as bien fait de lui courir après; je t'en estime davantage. Certes, ta conduite n'est pas exempte de blâme en tout ceci; mais tu sembles avoir effacé une partie de tes torts par l'ardeur que tu mets à vouloir les réparer. Eh bien! écoute-moi.

— J'écoute.

— Je vais t'aider à venger cet enfant.

— Vous, monsieur le baron!

— Oui, moi!

— Mais cet enfant ne vous est de rien ; vous n'êtes ni son père, ni sa mère, ni son voleur...

— Non, mais j'adore sa mère ; je ne puis te peindre combien est vive et pure la passion qui m'anime pour mon adorable Barbette !

— Aimer la femme d'un autre ! Vous n'y pensez pas, monsieur le baron.

— J'en aime beaucoup la remarque dans un gaillard qui vole des pâtés, des bouteilles, des manteaux, des chapeaux et des enfans !

— Monsieur le baron, je puis avoir eu quelques torts dans ma vie, mais ma morale n'a jamais cessé d'être pure, et vous m'obligerez en ne me confondant pas avec les gens malhonnêtes, prôneurs d'œuvres perverses. Vous dites que vous aimez la femme de maître Guillaume, et je vous soutiens que c'est fort mal fait!

— Ah! mon ami, si tu savais combien ma passion est honnête... Je te l'aurais fait comprendre d'un mot, en te disant qu'elle n'est pas moins vertueuse que celle qui me l'inspire. Je serais au désespoir de détourner Barbette de ses devoirs, d'autant plus qu'elle m'a bien promis que je le tenterais en vain ; mais j'attends avec patience la mort de maître Guillaume qui ne saurait être lointaine, attendu son grand âge, pour offrir à sa veuve mon cœur avec ma main.

— Ah! à la bonne heure, à la bonne heure, répondit maître Nicolas d'un air plus content. Voilà une passion comme je les aime, décente et qui n'a rien de l'allure désordonnée du vice. Il attend la mort du mari, ce bon jeune homme. Eh! que diable, il est dans son droit. Monsieur le ba-

ron, je ne vous en veux plus, touchez-là !
Nous sommes dignes de nous comprendre.

— Il faut absolument, reprit Louis, que
nous vengions la mort de l'enfant et voici
ce que j'imagine : nous nous hâtons d'arriver chez mon oncle, le frère de mon père;
je laisse là Charlotte en sûreté au sein de
sa famille. et nous deux, nous partons
pour suivre la trace de ce seigneur étranger. Nous l'atteignons, nous le défions,
et....

— Et..... il nous fait assommer par les
soldats de sa suite ! Non, monsieur, il faut
trouver quelque chose de plus adroit et je
m'en charge; ainsi, par exemple...

Belavoir en était là de sa phrase, quand
il entendit, ainsi que Louis, le prélude de
la guitare qui troublait en même temps les
entretiens de Charlotte et des deux filles de

l'hôte. Il se tut, et avec son compagnon, il écouta les deux couplets.

— Qu'est-ce cela? s'écria Louis. On vient donner des sérénades dans une maison où se trouve ma sœur? J'ai ouï dire qu'un gentilhomme ne devait jamais souffrir de pareilles impertinences!

En parlant ainsi, il reprit de nouveau son épée, ouvrit les volets de la salle, et, comme on était au rez-de-chaussée, sauta par la fenêtre très-aisément.

Belavoir se perdit quelques instans en observations inutiles; puis tout-à-coup il prit un meilleur parti, il oublia ses douleurs, se jeta en bas de son lit, et ayant enfourché son haut de chausses, suivit Louis par le chemin qu'avait pris le pointilleux jeune homme.

Briscambille en voyant arriver sur lui, l'épée haute, un garçon qu'il jugea soudain devoir être de très-mauvaise humeur, interrompit sa chanson et prit ses jambes à son cou. Mais Louis, et, par suite, Belavoir, le poursuivirent vivement.

XV.

Briscambille est un fou très bon prince.

Briscambille, qui n'avait jamais grande envie de risquer sa peau, et qui, par conséquent, était toujours fort ému lorsqu'on le menaçait, avait d'abord commencé par courir très lestement; mais, malheureusement pour lui, il était vêtu à la cavalière, avec une grand'diable de rapière qui s'embarrassait fort dans ses jambes, et après avoir évité deux ou trois chutes, il finit par s'emberlificoter si bien les pieds avec l'arme redoutable et gênante, qu'il tomba sur le nez et laissa ainsi à ses persécuteurs le temps de l'atteindre.

— Eh! pardieu, monsieur, lui dit Louis en lui mettant la main au collet au moment où il se relevait, quand on s'avise de donner des sérénades aux jeunes filles, on a au moins le bon goût d'attendre les coups d'épée des frères!

— Quoi! dit Briscambille, vous seriez le frère de Madelon?

— Je ne sais ce que c'est que Madelon, répondit le jeune homme; mais je veux bien vous apprendre que je me nomme le baron

Louis de la Mothe-Baranne, et que je n'aime pas les impertinents.

— Vous avez là un goût que je partage tout à fait, dit sérieusement Briscambille, et si bien que je ne me pardonnerais de la vie si je manquais de politesse et de discrétion envers quelqu'un, et encore moins envers un gentilhomme de votre espèce. Je suis, à la vérité, amoureux de Madelon; mais, pour peu que cela vous déplaise, j'y renonce et de grand cœur.

—Voilà ce que j'appelle un homme aimable et courtois, dit Belavoir, qui n'était pas fâché de voir les choses tourner à la conciliation. Puisque monsieur est si accommodant, je lui offrirai un verre de vin chaud, et nous achèverons de nous expliquer auprès du feu, où nous serons beaucoup mieux qu'ici.

— Je ne sais pas trop, dit Briscambille, ce que je puis avoir à vous expliquer. Il est impossible que monsieur le baron soit frère de ma belle; s'il est son amoureux, mon malheur est assez grand d'être obligé de lui céder la place par respect pour son rang, sans que vous me reteniez encore loin des gens de ma suite.

— Il est étrange, reprit Louis, qu'avec les habits que vous portez, et qui paraissent être ceux d'un gentilhomme, vous fassiez preuve d'une patience aussi chrétienne. Quant à moi, je vous le confesse, si on me proposait de renoncer à l'amour d'une dame que je sais et qui n'est point votre Madelon, j'aimerais mieux souffrir mille morts que d'y consentir.

— Ceci, dit Briscambille, provient certainement des points de vue différens d'où nous examinons les choses, et pas du tout du plus cu moins d'amour que vous et moi pouvons ressentir. Mais je vois que vous êtes plus en disposition de jouer que de me laisser aller ; j'accepte donc l'offre que ce respectable monsieur faisait il n'y a qu'un instant, et me voilà tout prêt à vous suivre dans la chambre que vous occupez en cette auberge, et où, permettez-moi de vous le dire, vous auriez aussi bien fait de demeurer.

Louis n'était pas parfaitement rassuré par l'air et le ton de sa nouvelle connaissance. Il savait, de ouï-dire, et un peu par sa propre expérience peut-être, que les amoureux peuvent prendre toutes sortes de déguisemens pour cacher leur jeu, et il n'était pas encore certain que la sérénade ne s'adressât pas à sa sœur.

Bien résolu donc à faire subir à l'inconnu qu'il voyait si pimpant et si richement vêtu dans son costume de voyage, un interrogatoire en règle, il marqua par un signe qu'il ne demandait pas mieux que de rentrer avec lui dans la chambre, et il se mit en route non sans tenir l'œil fixé sur son nouveau camarade, afin de s'opposer, s'il en était besoin, à tout projet de fuite.

Mais Briscambille semblait avoir pris son parti de bonne grâce: il enjamba par-dessus la fenêtre en chantonnant, et prit de lui-même, et non sans manifester quelque plaisir, la place que lui indiqua Louis, sur un escabeau devant le feu. On lui remplit son gobelet, et le baron, trinquant avec lui tandis que Belavoir se recouchait, lui dit:

— Monsieur, je vous ai dit mon nom, je vous demanderai maintenant le vôtre.

— Je me nomme Briscambille et suis le fou de Sa Majesté la reine Catherine.

— Quoi! dit Belavoir.

— Précisément, répondit le puissant personnage avec un geste débonnaire.

— Je suis bien heureux, poursuivit Nicolas, d'avoir pu faire la connaissance d'un aussi grand homme que vous, monsieur. Je ne suis pas, croyez-le bien, indigne de vous apprécier : j'ai été longtemps saltimbanque, monsieur! et bien que sans grande renommée, j'ai néanmoins assez de savoir pour connaître ce qui est bien et respecter les gens illustres.

— C'est bon, mon ami, c'est bon, répondit Briscambille en continuant ses gestes protecteurs. Mais puisque tu as été saltimbanque, il me semble que j'ai entendu parler de toi. C'est toi qui.....

— Ah! mon Dieu, dit Belavoir en prenant un air modeste, vous êtes mille fois trop bon. Il est vrai que j'ai inventé une manière assez curieuse et qui fit assez de bruit dans le temps, d'avaler les lames de sabre; cependant...

— Ce n'est pas de cela précisément qu'il s'agit; mais on m'a dit à Melun...

— Ouf! dit Belavoir devenant pâle et se faisant tout petit dans ses draps.

— On vous a dit, monsieur? reprit le baron avec hauteur, que vous a-t-on dit?

— Que votre compagnon escamotait fort bien les enfans, et qu'à cette heure, il en avait cinq dans son bissac, entre autres le beau-fils et la belle-fille du seigneur de Chanteclaude.

— Vous êtes tout à fait bien informé, dit Louis en riant; ce beau-fils, c'est moi, et vous ne me supposez pas, j'espère, de taille ni d'humeur à me laisser conduire où je ne voudrais pas aller.

— Je comprends! dit Briscambille avec un sourire assez fin. Au lieu d'être enlevé par le saltimbanque, c'est vous qui l'emporteriez peut-être? Les annales de la magistrature ne sont pleines que de pareilles confusions. Quant aux trois autres enfans... vous riez? je devine que le juge aura vu plus que double! Ah! c'est une bonne histoire. Je la raconterai à la reine et à M. Sibilot, qui en rira bien.

— Dieu! s'écria Belavoir en croisant ses mains d'un air ému, mon nom parviendrait jusqu'à M. Sibilot! Maintenant, je puis mourir; je suis couvert de gloire! Daignez aussi, monsieur, lui rappeler mon invention pour les lames de sabre : s'il voulait, ainsi que vous, en faire l'épreuve, je suis sûr que j'en recevrais des félicitations. Ah! monsieur Briscambille, je suis bien honoré d'avoir fait votre connaissance.

Les fous comme les sages ont, hélas! leurs faiblesses. Briscambille avait la faiblesse des héros: il aimait la louange. L'admiration de Belavoir pour sa personne l'émut et l'attendrit. Il tendit la main à l'ancien sauteur, et celui-ci vint la baiser à genoux.

Louis se mit à rire. Mais la glace était rompue. Il n'avait plus de soupçons contre un homme qui, bien évidemment, n'avait jamais vu sa sœur, et comme de plus cet homme savait une bonne partie de ses affaires, et que d'ailleurs il aimait assez raconter ce qui le touchait, il profita de l'occasion pour s'en donner à cœur joie, et en une demi-heure, Briscambille était installé dans tous les droits et la qualité de confident.

Hâtons-nous de le dire, c'était un brave jeune homme que ce Briscambille; les grandeurs, en lui tournant la tête, ne lui avaient pas gâté le cœur. Le caprice de la fortune, en en faisant le joujou et le serviteur d'une grande reine, avait laissé en lui une vive disposition à servir son prochain, surtout quand ce prochain était gai, jeune, inoffensif, et qu'il ne fallait pas de grands efforts pour lui être agréable. D'ailleurs, Briscambille aimait à faire montre de son esprit.

Quand donc le baron de la Mothe-Baranne eut achevé son histoire, le fou de la reine Catherine prit la parole en ces termes :

— Nous autres gens de cour, nous avons tant d'occasions d'observer les hauts et les bas des félicités humaines, que cela nous rend presque indifférents à ce qui arrive à nos semblables; et comme le faisait très bien observer M. Sibilot, lors des derniers troubles de Paris, dans la multitude des courtisans, des soldats, des bourgeois engagés dans ce tumulte, il n'y avait que deux vrais philosophes, à savoir lui et moi. Mais M. le baron et toi, mon brave Belavoir, en trouvant le philosophe sur votre chemin, vous avez trouvé en même temps le bon compagnon qui rend service autant qu'il le peut. Je me charge de votre avenir.

— Mais, monsieur, dit le jeune homme, je ne vois pas ce que vous pouvez faire pour moi.

— Tout! répondit Briscambille avec assurance. Quelques écus que vous avez dans la poche ne vous mèneront pas loin. Nicolas, que voici, doit le savoir.

— Eh! sans doute, répondit celui-ci; M. Briscambille a parfaitement raison; et si je vous ai toujours poussé à marcher en avant sans perdre courage, je vous donnais pour cela une raison, s'il vous en souvient.

— Sans doute, dit Louis : tu m'assurais que le hasard nous tirerait d'affaire.

Peste! s'écria Briscambille, en coupant la parole à Nicolas au moment où le sauteur allait la prendre, voilà un saltimbanque qui a une forte imagination. Monsieur le baron, il n'avait pas tort, et avec votre permission, le hasard ce sera moi. Pour peu que vous soyez raisonnable, voici ce que vous allez faire.

Ecoutez bien ce que vous dit ce savant et habile homme, dit Nicolas à son élève.

— Vous allez continuer votre voyage comme vous en aviez l'intention. Vous conduirez mademoiselle votre sœur chez son oncle. Les jeunes personnes dont on est chargé, il faut toujours les conduire chez un parent quelconque, attendu que c'est fort difficile et ennuyeux à garder.

— Je ne trouve pas cela très juste, dit Nicolas en soupirant.

— Et ensuite, vous vous en viendrez tout droit joindre la cour à Blois, où vous me ferez demander.

— Un moment! dit le baron. Nous avons fait vœu de poursuivre à outrance le meurtrier de l'enfant qu'on accuse sans doute Nicolas d'avoir dévoré.

— Quoi! dit Briscambille à Belavoir, tu ne rougis pas de faire des vœux de cette espèce et de déployer une pareille impiété? Tu n'es pas digne du métier dans lequel tu as été élevé.

— Il est vrai, répondit humblement le sauteur, que j'ai été fortement irrité du malheur arrivé à l'enfant; mais dès que vous trouvez que j'ai eu tort, il ne me reste plus qu'à baisser la tête et à vous dire que je suivrai en tous points vos sages conseils.

— Un moment! un moment! s'écria Louis, je ne partage pas du tout ta confiance illimitée dans la sagesse du seigneur Briscambille. Je veux croire que c'est un très honnête fou, un très digne fou, qu'il fait rire en conscience la reine Catherine; mais après tout, ce qu'il dit n'est pas parole d'Evangile, et j'ai résolu de courir après le prince étranger, et j'y courrai.

— Vous n'y courrez pas.

— Si fait !

— Mais réfléchissez donc que vous ne réussiriez qu'à vous faire assommer, ainsi que votre serviteur Belavoir l'a fait tantôt ; et pour peu que votre cannibale de prince ait un peu d'astuce, il vous livrera, après vous avoir fait bâtonner, à quelque juge de village qui vous condamnera à la corde sans sourciller. Il n'y a pas besoin de secouer la tête d'un air résolu ! Il en serait ainsi. D'ailleurs, je ne vous dis pas de renoncer à vos projets de vengeance contre votre mangeur de chair humaine ; seulement, prenez votre temps et n'allez pas à l'étourdie. A propos, je suis vraiment étonné de l'intérêt que je vous porte.

— Et moi aussi, dit Louis, car vous ne me devez rien.

— Absolument rien !

— Et c'est tellement surprenant, que je doute fort de votre bonne volonté, et encore plus de votre crédit!

— Ah! monsieur, dit Belavoir d'un air de reproche. On eût juré sur sa mine que le baron venait d'offenser quelque divinité.

— Laisse-le dire, répartit Briscambille d'un air protecteur. Ce jeune gentilhomme n'a pas encore, je le vois bien, l'idée de ce que c'est que la cour et le rang illustre que nous autres fous y tenons, des importantes confidences dont nous remuons les fils, et des grands emplois que nous occupons dans toutes les négociations secrètes. A votre âge, monsieur le baron, on ne juge que sur l'habit, et pour voir un brave ou un saint, il faut absolument qu'on vous présente l'un en cuirasse et grandement emmoustaché, et l'autre en soutane avec des joues creuses. Quand vous aurez pris l'air de la cour pendant un mois, je me fie assez à votre esprit pour être persuadé que vous changerez bien de gamme. Mais enfin, je vous prends comme vous êtes, et je vous dis que vous m'intéressez aussi bien que ce garçon. Vous savez que la cour est à Blois?

— Aucunement, répondit Louis avec un mouvement de surprise.

— Comment, vous ne savez pas que le Guisard a forcé le roi à décamper?

— A décamper?

— C'est comme j'ai l'honneur de vous le dire; et par suite de cet événement, nous sommes maintenant à Blois, où nous avons réuni les états-généraux.

— Peste! je ne savais rien de tout ceci. Mais comment le duc de Guise a-t-il pu forcer son maître à lui quitter la place? Racontez-moi cela, de grâce, car je ne sais rien. Vous ne pouvez vous imaginer comme au fond de nos campagnes, les nouvelles arrivent tardivement; et d'ailleurs, depuis huit jours, vous devinez quelle vie je mène.

— Mon Dieu, dit Briscambille d'un air nonchalant, toute cette histoire est bien simple. Le roi, notre maître, a été attaqué par cette canaille de Parisiens dans son château du Louvre. D'honnêtes amis qu'il avait ont fait massacrer ses troupes en les plantant dans des lieux où elles ne pouvaient ni servir le roi ni se défendre elles-mêmes; et bref, Sa Majesté s'est enfuie, et nous, cahin-caha, nous avons fini par en faire autant. Je voyage en ce moment pour de hautes raisons politiques.

— Ah! oui?

— Oui. Je ne peux pas trop vous dire cela; sachez seulement que la responsabilité la plus grave pèse en ce moment sur mes épaules, et que si, tout-à-l'heure, lorsque vous me poursuiviez l'épée à la main, vous m'aviez tué par mégarde, le royaume tout entier aurait eu sujet de s'en apercevoir.

— Vous voyez, monsieur le baron, dit Belavoir, combien j'ai toujours eu raison de vous reprocher votre vivacité trop grande.

— Enfin, reprit Louis, je ne vous ai pas même égratigné : vous devez être content.

— Je le suis, en effet, poursuivit Briscambille, et je vais continuer demain mon voyage. J'aurai cependant l'honneur extrême de déjeûner avec vous, car je ne puis passer ainsi près de cette auberge sans m'y arrêter.

— Ah! à propos, c'est vrai, s'écria Louis, vous avez ici une belle dame à laquelle vous vous intéressez, et pour qui vous composez des chansons vraiment originales.

— Vous êtes bien bon d'avoir remarqué ce faible essai poétique; je l'ai composé hier tout en cheminant, et je compte le montrer à M. Sibilot, qui, j'espère, en sera content. C'est un bon juge que M. Sibilot! Ma chanson doit être d'autant plus agréable, que je l'ai faite sans peine. Ah! nous autres fous de cour, nos talens doivent être variés! Plaisans agréables, philosophes pratiques, négociateurs profonds et adroits, poètes, musiciens, que sais-je? L'univers ne nous admire pas assez pour ce que nous valons, et nos maîtres nous paient trop peu.

— Homme extraordinaire! murmura Belavoir en couvrant Briscambille d'un regard respectueux et attendri.

— Enfin, vous êtes amoureux? dit Louis.

— Horriblement! répartit le fou de la reine avec véhémence. Il y a trois ans déjà que j'ai commencé à aller à la conquête des cœurs, et je n'ai jamais rien vu dans le monde, ni à la cour ni ailleurs, qui vaille ma chère Madelon. Vous sentez que j'ai pu comparer. Je peux dire, sans qu'on m'accuse de trancher du fat, que j'ai rencontré beaucoup de femmes et peu de tigresses. Mais bah! on est bien rarement aimé pour soi-même! et nous autres, gens en place, sommes bien exposés à trouver peu d'amis et de maîtresses sincères. Mais Madelon! ah! quel cœur! quel esprit! quelle imagination! Elle s'est attachée à moi sans me connaître! C'est sous le déguisement d'un simple jardinier qu'elle a fait ma connaissance! Je vous raconterai plus tard cette anecdote. Enfin, qu'il vous suffise de savoir qu'elle ne connaît mon véritable nom et mon rang que depuis un mois. Je compte l'épouser quelque jour de la main gauche, et en attendant, je fais un détour dans mon voyage pour venir l'assurer que les plaisirs et la politique ne sauraient chasser l'amour de mon cœur. Mais, monsieur le baron, voici que la nuit s'avance furieusement : je vais prendre congé de vous et retourner auprès de mes gens, qui doivent être morfondus depuis le temps qu'ils attendent sur la grande route. A demain, et veuillez croire à mon amitié. Adieu, Belavoir! adieu, mon ami!

Le seigneur Briscambille se leva avec beaucoup de dignité, et, ayant salué gracieusement le baron, il tendit à Nicolas une main que celui-ci pressa avec émotion; puis il sauta lestement par la fenêtre, et disparut dans l'obscurité.

Quand les volets eurent été de nouveau fermés :

— Que tu es bête! dit Louis à son gouverneur, avec ton admiration pour ce gaillard-là.

— Monsieur, répondit prestement le sauteur, sachez que les prêtres honorent les grands docteurs, que les soldats admirent

Jules-César, que les poètes mettent Homère au-dessus de tout, et que nous autres saltimbanques, nous avons un grand respect pour les fous des rois et des reines, qui sont les grands hommes de notre tribu. D'ailleurs, je suis sûr que le seigneur Briscambille va nous tirer d'affaire.

— Bah !

— Il n'y a pas de bah ! Il est très puissant : il vous l'a dit lui-même !

— Ce n'est pas là une raison !

— Si fait bien ! les hommes illustres ne se jouent pas de leur parole. D'ailleurs, monsieur, nous ne pouvons pas errer ainsi pendant toute notre vie, jusqu'à la vieillesse la plus reculée. Nous avons des devoirs à remplir, envers mademoiselle votre sœur d'abord, et ensuite envers le prince étranger, et encore envers nous autres ! Tout cela ne peut se faire que si nous trouvons notre véritable place en ce monde.

— Tu as de l'ambition, Belavoir?

— Je l'avoue, la conversation et la vue de cet homme de mérite qui vient de nous quitter m'a mis quelque peu d'inspiration dans le courage. Allons, monsieur le baron! dépêchons-nous d'arriver chez monsieur votre oncle, pour ensuite nous rendre à la cour. Je grille de me trouver dans le tabernacle de toutes les grandeurs; je brûle de voir le roi Henri III, et surtout ce grand monsieur Sibilot, le miroir de notre âge!

— Tu m'ennuies avec tes fous; je vais en rêver toute la nuit.

— A propos, poursuivit Nicolas, j'oubliais que je suis blessé.

— Tu veux dire roué de coups.

— Le mot n'y fait rien. Si nous nous décidions enfin à prendre un peu de repos?

— Je ne demande pas mieux. Laisse-moi mettre deux bûches dans le feu. Je m'accommode dans mon fauteuil, toi dans ton lit, et bonsoir, Nicolas !

— Bonsoir, monsieur le baron. Dans peu de jours, nous serons des gens de cour.

— Bonsoir, bavard.

XVI.

Le baron Louis prête sa protection à un homme influent qui lui promet la sienne.

Le lendemain, ou plutôt au matin de cette nuit qui avait été si agitée pour les jeunes filles de l'auberge, comme pour le baron et son gouverneur, nos voyageurs se levèrent tard, et ce n'était que raison. Après avoir babillé et couru une bonne partie du temps qu'ils auraient dû consacrer à dormir, ils s'étaient laissé gagner par le sommeil, et les premières heures de la matinée furent employées à réparer le temps mal à propos dérobé à Morphée.

Nicolas fut, très naturellement, le premier à s'apercevoir que cette mollesse devait avoir un terme; et bien qu'il fût confortablement établi dans son lit, et que le baron se fût contenté du fauteuil, il renonça généreusement à son repos, et engagea son élève à en faire autant.

— Eh bien! lui dit le jeune homme, comment vont tes meurtrissures?

— Bah! répondit le sauteur, je ne me suis jamais mieux porté. Il me semble que je suis plus alerte que tous ces jours-ci, où je ne l'étais pas mal, et je ne songe plus qu'à une seule chose, c'est à paraître à la cour, à votre suite.

— Tu crois donc sérieusement que nous devons accepter les offres de Briscambille?

— Pourquoi les refuser? reprit Belavoir. Avons-nous quelque chose de mieux à faire? Pourrons-nous aisément réparer de nous-mêmes, et sans secours, les torts de la destinée? Quand vous aurez laissé mademoiselle Charlotte à la protection de ses parens, êtes-vous assez heureux pour savoir que devenir? Eh! non, eh! cent fois non, monsieur! Vous voyez donc bien que nous n'avons pas le choix, et que nous ne pouvons mieux faire que de nous laisser couler doucement dans les bras que nous tend le hasard.

— Je te confesse, répartit le baron, que je suis un peu humilié, moi, homme bien né et qui voudrais faire figure en ce monde, de me trouver sous la protection d'un gaillard qui, après tout, n'est qu'un bouffon, et dont le crédit ne peut être que fort médiocre. Je ne m'imagine pas trop ce qu'il pourra pour moi, et j'ai peur, d'un autre côté, que cette protection impuissante ne me nuise auprès des gens sensés et respectables.

— Monsieur le baron, vous n'y entendez rien. J'ai meilleure opinion de l'influence de M. Briscambille, et surtout je me confie pleinement à celle de M. Sibilot. D'ailleurs, ne considérons qu'un seul avantage ici, celui de mettre le pied à la cour. Voilà qui est immense, voilà qui est inappréciable! Une fois entrés, nous trouverons mille circonstances qui pourront nous seconder et fonder notre fortune; et si le crédit de notre protecteur actuel n'est pas ce que je le suppose, ou bien qu'il ne nous convienne pas de l'employer, eh bien! nous pourrons nous tourner de quelque autre côté qui semblera offrir plus d'avantages.

Il n'y avait rien à répondre à d'aussi judicieux calculs; aussi Louis, qui avait l'esprit juste, ne fit-il plus aucune observation. Il se leva de son fauteuil et se mit à réparer les désordres que le repos nocturne avait portés dans sa toilette, tandis que Belavoir s'habillait en poursuivant son babillage.

Vers les neuf heures, on vit arriver à la porte de l'auberge le seigneur Briscambille, suivi de ses deux laquais. Cet excellent personnage n'avait pas cru devoir, la veille, venir s'installer dans la maison du brave hôtelier dont il méditait de faire son beau-père, attendu qu'il craignait d'être vu de Madelon avant d'avoir pu avertir cette jeune fille impressionnable de son arrivée, et il ne voulait pas que l'exquise sensibilité de sa maîtresse lui valût une scène pathétique dont son futur beau-père voudrait peut-être tirer parti pour hâter le mariage.

Briscambille était un homme de précaution. Il avait trop vécu dans le beau monde pour ne pas savoir que les dispositions d'aujourd'hui peuvent fort bien ne pas être celles de demain, et quoique résolu à épouser Madelon, il ne lui déplaisait pas de laisser le mystère couvrir encore quelque temps sa passion. D'autant moins y trouvait-il à redire, qu'il savait à merveille combien cette discrétion serait appréciée par sa belle, nerveuse et romanesque maîtresse.

Il avait donc été prendre un gîte dans un cabaret distant d'un petit quart de lieue, et de ce quartier-général, il avait dirigé les opérations. Madelon avait été prévenue de la façon qui pouvait le mieux cadrer avec les besoins de son esprit enthousiaste, et lui, Briscambille, avait été fait prisonnier; mais avec quel bonheur! mais avec quel à-propos! De retour à son gîte, il ne se lassait pas lui-même d'admirer sa fortune.

L'amitié qu'il venait de conclure avec le baron de La Mothe-Baranne lui donnait un prétexte pour venir, dès le lendemain matin, s'établir dans l'auberge et y rester au moins un jour. Là, sous couleur de tenir compagnie à son ami, il pourrait caqueter à son aise avec la belle Madelon, et ne point compromettre cependant sa dignité contre les insinuations plus ou moins directes d'un père qui ne savait rien et qui n'aurait lieu de rien apprendre.

On voit donc que si Louis et Belavoir avaient besoin de Briscambille, le même Briscambille avait, pour le moment, besoin d'eux; et par ainsi, le secours qu'il s'agissait de porter était mutuel.

Enchanté de sa situation, Briscambille se

présenta donc devant la porte de l'auberge, et à peine eut-il porté les yeux sur le baron, assis dans la cuisine et attendant sa venue, qu'il jeta un cri où la surprise était fort bien jouée, et arrêtant son cheval, il dit tout haut à ses laquais :

— N'est-ce pas monsieur le baron de La Mothe-Baranne que je vois ici dedans? Oui, c'est lui, ou j'ai la berlue. Allons, faquins, prenez tôt la bride, et laissez-moi aller présenter mes civilités à ce seigneur, dont je suis le très humble domestique.

— Ah! c'est vous? répondit Louis sur le même ton (car il comprit d'abord, en esprit subtil, l'intention de son nouveau protecteur). Entrez, entrez! et venez prendre part au feu. Nous jaserons ici à merveille.

Charlotte, qui n'avait jamais aperçu cet ami de son frère, ouvrit des yeux tout grands en voyant cette scène de comédie. Si elle avait, dans ce moment, regardé Madelon, elle eût découvert peut-être, à la confusion, à la rougeur, à l'embarras de la jeune aubergiste, beaucoup de choses. Je dis : *peut-être*, car Charlotte était trop jeune pour être encore bien habile à démêler les mouvemens du cœur, et en outre, sa parfaite innocence la rendait peu propre au rôle d'observatrice adroite.

Enfin, bien qu'elle n'eût jamais vu M. Briscambille, elle crut de son devoir de répondre à son salut par une belle révérence, et pensa que certainement son frère ne devait pas agir comme il le faisait, sans de très bonnes raisons, surtout en considérant que Nicolas était aux petits soins pour le nouveau venu.

— Holà! notre hôte, s'écria Briscambille d'un air d'autorité, tu dois avoir une maison bien fréquentée dans ce moment-ci? La cour, qui est à Blois, et les États généraux, que l'on y réunit, doivent attirer bien du monde chez toi?

— Mais, oui, monsieur, répondit respectueusement l'aubergiste; je ne me plains pas. Beaucoup de mes confrères ont cette habitude de crier toujours que les temps sont durs; pour moi, je leur laisse cette méthode, et j'avoue sans détour la vérité. Depuis deux mois, je gagne gros et ne changerais pas mon métier contre celui d'un autre.

— Voilà un brave homme d'aubergiste, poursuivit Briscambille du même ton supérieur, et ce sera avec plaisir que je lui laisserai quelques-unes de mes pistoles. Vous avez là, ce me semble, mon cher ami, deux beaux brins de filles?

— N'y faites pas attention, mon bon monsieur, répondit l'hôtesse en grognant; ce sont deux péronnelles qui font le malheur de mes vieux jours! C'est étourdi, c'est paresseux, c'est bavard!

— C'est jeune, répartit Briscambille, et voilà une suffisante excuse à tant de défauts que vous trouvez laids et que je trouve fort jolis. Allons, ma belle enfant (dit-il en s'adressant à Madelon), approchez-vous, que je vous mette un écu dans la main pour vous encourager à vous bien conduire.

Madelon baissait la tête, rougissait et tremblait de tous ses membres, tant elle était émue. Mais madame l'hôtesse, qui n'entendait rien à la timidité, lui cria :

— Veux-tu bien, petite fille, répondre comme il faut à la politesse de ce seigneur, et aller recevoir ce qu'il veut te donner!

— Allons, mademoiselle, reprit Briscambille en clignant de l'œil, n'ayez pas peur; vous ne serez pas mécontente de moi!

Madelon prit son courage *à deux mains*,

comme on dit, et s'avança vers son amoureux, qui, avec une grimace narquoise, lui glissa dans la main un gros écu et une petite lettre. Madelon, en fille adroite, mit immédiatement le tout dans sa poche; et sa mère, satisfaite, se promit bien de lui demander l'écu avant qu'une heure se fût passée.

Après cette petite scène, qui n'eut guère de sel pour la plus grande partie des assistans, le baron, Belavoir, Briscambille et Charlotte s'établirent devant la cheminée, et ayant épuisé quelques banalités destinées à la galerie, et qui avaient pour but de faire croire à une liaison ancienne entre le baron et le fou de la reine-mère, Louis et Briscambille agitèrent la question du départ.

— J'ai des raisons, dit Briscambille, pour ne m'éloigner que demain matin. A la vérité, je suis attendu à la cour avec impatience; mais je ne suis pas créé et mis au monde de telle sorte que je ne pense qu'aux intérêts de mes maîtres, et cette fois comme toujours, je compte en agir à ma façon. Pour vous, vous me ferez plaisir en me tenant compagnie jusqu'au moment de mon départ.

— Je vous servirai en cela d'autant plus volontiers, répondit Louis, qu'il m'est impossible d'aller à la cour actuellement : il faut d'abord que je voie ma famille. Ainsi, un jour de plus ou de moins ne me porte pas un grand préjudice.

— Quant à moi, dit à son tour Belavoir, comme je n'ai pas d'autres occupations que de suivre les pas de monsieur le baron, je suis fort heureux de me reposer ici, et, en outre, je suis, en tout ce qu'il me commandera, à la pleine disposition du seigneur Briscambille.

Cette parole ne tomba pas à terre. Le fou de la reine-mère saisit un prétexte pour emmener Belavoir à l'écart, et là, les deux bouffons consultèrent ensemble sur le moyen d'organiser une entrevue secrète et sûre entre Madelon et son amant. Qu'ils y parvinrent, ce n'est pas merveille : il aurait été beau de voir deux têtes comme celles-là échouer contre la cervelle d'un hôtelier campagnard! Madelon eut une longue consultation avec Briscambille.

Je fais grâce au lecteur de tout ce qui fut dit de tendre et de passionné dans cette entrevue. Madelon était une fille qui possédait sur le bout du doigt ses auteurs, et qui était aussi capable que personne au monde de soutenir avantageusement une conversation amoureuse. De sa part, il y eut le nombre de soupirs nécessaire, une quantité de larmes suffisante, des sourires mélancoliques autant qu'il en fallait, et des sermens, en voulez-vous, en voilà. Briscambille, de son côté, fut pathétique, entraînant, chaleureux, et se montra sous un très beau jour.

Il fut convenu entre les amans que lorsque Briscambille trouverait un moment favorable, il parlerait à la reine-mère de ses intentions matrimoniales, et qu'il reviendrait alors en toute hâte pour chercher sa chère Madelon. Jusque là, le mot d'ordre devait être patience et discrétion. La jeune demoiselle ne fut pas aussi satisfaite que Briscambille l'aurait souhaité de cet arrangement; elle aurait voulu que le mariage se fît le plus promptement possible, et, suivant elle, cela signifiait à l'instant même : mais un compromis eut lieu entre les deux parties contractantes, et l'amant s'étant engagé à épouser sa chère Madelon dans le délai d'un mois au plus tard, la joie revint et le jeune couple fut parfaitement heureux.

La journée se passa donc de la manière la

plus agréable pour tout le monde. Malgré la neige et le froid, toute la compagnie alla faire une promenade au dehors, puis revint auprès du feu. Là, on se livra à des conversations animées sur des sujets divers. Louis ne manquait pas d'esprit, mais il n'avait rien vu encore, de sorte que de son côté, l'entretien se bornait un peu à la partie passive et admiratrice. Briscambille avait de l'esprit, et en plus il connaissait force choses. Belavoir, comme on le sait déjà, était bavard et avait aussi quelque peu observé, de sorte qu'il y eut sur le tapis, dans cette journée, beaucoup de récits divertissans.

Puis tout le monde était satisfait! L'hôte s'attendait à avoir un bon compte soldé sans murmures par tous ces jeunes gens trop gais pour ne pas être dépensiers; Madelon rêvait à son mariage prochain; Charlotte se voyait sous peu de jours arrivée et remise à la protection d'une famille dont elle attendait beaucoup ; Louis songeait à la cour, Belavoir à M. Sibilot... Comment n'eût-on pas été ravi ? Quand, le soir, on alla se coucher, on put se rendre ce témoignage, que dans la journée, personne n'avait éprouvé le moindre mouvement d'ennui. Tout était donc pour le mieux dans la meilleure des auberges possibles.

La nuit n'offrit aucune particularité. Madelon, il est vrai, ne put se tenir de raconter à sa sœur et à Charlotte ce que Briscambille lui avait dit et ce qu'elle avait répondu à Briscambille ; mais, comme l'expérience des nuits précédentes servit cette fois, la vieille hôtesse eût beau venir écouter, elle n'entendit aucun bruit, et finit par s'aller coucher persuadée que ses filles avaient enfin compris leur devoir.

Charlotte apprit, dans cette conversation,

ce que son frère n'avait pu lui dire que très rapidement et fugitivement dans la journée, de la manière dont il avait connu Briscambille et des services qu'il en attendait; et cette partie de l'histoire lui fit prendre, il faut l'avouer, un peu plus d'intérêt au reste qu'elle n'en avait eu jusqu'alors.

Quant à Belavoir et à Louis, ils dormirent comme des bûches, ainsi que Briscambille. Le premier rêva qu'il était présenté au grand M. Sibilot, lequel lui donnait sa main à baiser avec beaucoup de bonté. Louis rêva qu'il prenait une ville d'assaut, coupait les oreilles au meurtrier de l'enfant de Barbette, et était fait, pour cette action, maréchal de France. Briscambille ne rêva rien du tout : il était habitué aux bonnes fortunes, et son imagination était un peu plus calme que celle de ses nouveaux amis.

Le lendemain, on songea à se mettre en

route. Charlotte, Madelon et Toinon se firent de tendres adieux. Les filles de l'hôte assurèrent mademoiselle de La Mothe-Baranne d'un souvenir éternel, et la supplièrent de ne point les oublier, ce qu'elle promit avec beaucoup de grâce. De son côté, l'hôte, tout en murmurant quelques lamentations sur le malheur de perdre des convives aussi aimables, offrit respectueusement son mémoire à Louis, qui paya sans marchander, bien que la somme fût digne d'être discutée.

— Soyez tranquille, lui dit Briscambille tout bas; mon beau-père est un vieux voleur, mais je vous rendrai cet argent-là sur sa succession.

Enfin on se sépara, et long-temps les filles de l'hôte agitèrent leurs tabliers pour montrer aux voyageurs qu'elles ne voulaient pas les laisser s'éloigner sans les suivre des yeux autant que possible. Un détour du chemin sépara enfin les amans et les amies.

Pendant quelques heures, Briscambille et Louis voyagèrent ensemble; mais à un embranchement du chemin, il fallut aussi se quitter.

— Adieu, monsieur le baron, dit le fou : je vous attends sous peu de jours, et je vous ferai voir que je suis sincère dans mes promesses.

— J'y compte tout à fait, répondit le jeune homme. Adieu, seigneur Briscambille. Vous aurez à peine eu le temps d'arriver à la cour, que je vous aurai rejoint. J'espère que vos promesses n'auront pas un effet moins prompt que mon arrivée.

— Un mot! dit le fou d'un air grave; ce sera pour votre gouverne : la première de toutes les qualités chez un homme qui veut réussir auprès des princes, c'est la patience.

Aussi, je ne saurais trop vous engager à ne pas vous figurer qu'un succès immédiat est nécessaire à votre bonheur. J'espère, à la vérité, abréger les ennuis du début; mais au cas où je ne pourrais vous sauver quelques semaines, peut-être quelques mois d'attente, il faudrait vous garder de perdre courage.

— Voilà une réflexion, dit Belavoir, qu'il n'appartient qu'à un grand homme d'émettre! Oui, j'ose le dire, quoique mon observation puisse paraître hardie, il faut être un fort grand homme pour avoir des aperçus aussi lumineux sur toutes choses.

— Adieu, Belavoir! adieu, mon ami! Tu es un garçon distingué dans ta position médiocre, et je ne t'oublierai pas non plus.

— Mes humbles complimens à M. Sibilot, à cet homme illustre!

— Je n'y manquerai pas. Mademoiselle, je suis votre respectueux valet.

Après ces adieux solennels, maître Briscambille prit le chemin qui était le sien, et s'éloigna.

Si Louis avait été guidé par la seule sagesse, il eût fait la veille une très grande faute, car il aurait réfléchi que la demeure de son oncle n'étant pas à plus d'une journée de marche de l'auberge, il était inutile de perdre un jour entier, et à plus forte raison deux jours. Alors, il n'aurait pas vu Briscambille, et aurait manqué une superbe chance de fortune. Cette réflexion soit donnée en passant pour montrer que les sottises ne sont pas quelquefois si maladroites qu'on le dit généralement, et pour faire apercevoir au lecteur que notre caravane est arrivée à sa destination.

En effet, le soir de ce même jour, renscigné par des paysans, Louis atteignit avec sa sœur et son gouverneur le manoir de la Buette.

Il faisait nuit close, de sorte qu'il ne put aucunement reconnaître les lieux. Seulement, il s'aperçut que le castel était petit et fort enfoncé dans les arbres.

— Monsieur le baron, dit le judicieux Belavoir, je crois que nous avons bien fait de prendre parti pour la cour; car il me paraît douteux que les maîtres de céans, avec toute la générosité que je veux leur supposer, eussent pu nous nourrir long-temps.

— Tu n'as, ma foi, pas tort, Nicolas! répondit le baron. Mais descendons de cheval et frappons à la porte.

C'est ce que les deux cavaliers firent aussitôt. Belavoir saisit le marteau et en donna un vigoureux coup sur les planches de chêne garnies de gros clous à tête, de sorte que le bruit ne fut pas médiocre.

— Hohé! qui est là? cria une voix mâle.

— Qui est-ce qui nous parle? demanda Louis tout bas à son gouverneur. Ce doit être un domestique; réponds-lui en conséquence.

— Mon bon ami, ouvrez vite, dit Nicolas d'une voix flûtée, et allez dire à votre maître qu'il vienne recevoir son neveu Louis de La Mothe-Baranne, sa nièce Charlotte de La Mothe-Baranne, et le gouverneur d'iceux, maître Nicolas Belavoir.

A peine maître Nicolas avait-il prononcé ces mots, que les voyageurs entendirent qu'on s'approchait de la porte, qu'on en faisait tomber les barres de fer, et enfin l'huis s'ouvrit tout grand.

XVII.

Louis pense qu'on peut être aussi bien et même mieux ailleurs qu'en sa famille. Belavoir compte jusqu'à quarante-cinq personnes curieuses.

Quand la porte fut ouverte, les jeunes gens aperçurent un gros homme rougeaud, à l'air de bonne humeur, qui, tenant une lanterne à la main, l'éleva pour voir le visage des arrivans, et s'écria avec l'accent d'une joie sincère :

— Par la corbleu! c'est bien vrai! je reconnais tout à fait dans ce jeune gaillard les traits de mon pauvre frère! Eh! approchez donc, ma jolie demoiselle! Elle tient aussi de mon cher défunt! Quoi! vous restez là plantés comme des perches! Entrez, mes petits amours : votre gouverneur saura bien tenir les chevaux jusqu'à ce que Gros-Pierre soit venu les prendre. Venez, mes bijoux : j'ai hâte de vous conduire à votre tante, qui aura un plaisir infini à vous embrasser.

Louis et Charlotte n'avaient pas eu besoin d'attendre la fin de ce discours pour comprendre qu'ils se trouvaient en présence de leur oncle lui-même, et chacun, lui faisant une profonde révérence, s'efforça de s'acquitter des respects qui lui étaient dus; mais le brave homme ne voulut pas souffrir toutes ces cérémonies : il tira les deux enfans par le bras, les fit entrer chez lui, les embrassa tous deux bruyamment, et, ayant promis à Belavoir de lui envoyer Gros-Pierre dans un instant, il referma la porte et emmena ses deux hôtes à l'étage supérieur.

La chambre dans laquelle il les fit entrer n'était pas somptueusement ornée; cependant elle annonçait l'aisance et elle était bien tenue. Les murs en étaient tout simplement blanchis à la chaux : dans ce temps, on n'était pas des plus délicats en province. Sur le plancher, il y avait un épais tapis, non de laines précieusement travaillées, mais de paille, et qui tenait fort chaud aux pieds. Le long de la muraille, on voyait des épieux, des arquebuses, des bonnets et des manteaux accrochés à des cornes de cerf. La cheminée était vaste et ornée des armes de La Mothe-Baranne : un cor de chasse d'or dans un champ de sinople.

Un grand feu flambait, avec tout l'entrain que pouvaient lui donner quatre ou cinq bûches colossales empilées l'une sur l'autre, et cimentées par un volcan de braise enflammée. Devant ce feu posaient deux grands fauteuils à dossiers sculptés et plusieurs chaises. Un de ces fauteuils était occupé par un prêtre, et l'autre par une femme d'une cinquantaine d'années environ, mais dont le teint rosé, les yeux vifs, l'embonpoint raisonnable montraient toute la bonne santé. Louis et Charlotte étaient en présence de leur tante.

Madame Thérèse de La Mothe-Baranne fit, en apercevant ces jeunes gens qui la saluaient avec respect, un geste où se trahissait un peu de surprise.

— Eh! eh! ma mie, dit le vieux seigneur,

savez-vous qui sont ces enfans que je vous amène ?

— Pas encore, répondit-elle en souriant ; mais vous n'avez qu'à me le dire, et je serai bien vite aussi instruite que vous.

— Ni plus ni moins que votre neveu et votre nièce.

— Est-il bien vrai ! s'écria madame Thérèse. Venez ça, mes amis, que je vous embrasse ! Comment se porte votre mère, et le seigneur Gui, et le cousin de Cornisse ?... etc.

Et les questions de trotter. Louis comprit bien qu'il fallait en venir à une explication. Les conseils de Belavoir lui avaient donné un grand goût pour la prudence ; partant il se proposa de faire des confidences restreintes ; mais à mesure qu'il avançait dans son récit, il voyait, aux yeux de sa tante, aux exclamations de son oncle, à l'attitude du prêtre, une si grande bienveillance, que, ma foi, il se laissa aller à raconter tout, sans omettre un seul détail, depuis les persécutions de son beau-père jusqu'à l'intervention de Nicolas et aux promesses de Briscambille. Quand il eut fini, son oncle s'écria :

— Mon cher ami, tout ce que tu nous as dit là est si intéressant, que j'en ai complètement oublié monsieur ton gouverneur, qui est à grelotter à la porte. Laisse-moi le temps d'aller dénicher Gros-Pierre dans un coin quelconque de la maison, et je reviens. Surtout prends bien garde de ne rien raconter d'intéressant pendant mon absence : je ne veux rien perdre de tes petits discours.

Pendant que le seigneur oncle allait mettre fin à la faction de Nicolas, madame Thérèse présenta son neveu et sa nièce au prêtre.

— Vous voyez, leur dit elle, notre meilleur ami. Maître Bérus est curé de notre village, et il y a tantôt vingt ans que nous n'avons passé un seul jour sans nous voir.

A ce propos succédèrent les politesses, et l'oncle revint suivi de Nicolas. Belavoir reçut un accueil distingué; on le traita en domestique fidèle et la conversation reprit :

— Autant que j'ai pu comprendre de ton histoire, dit l'oncle, tu as fui la maison de ton beau-père, avec ta sœur, pour éviter la prison et peut-être pis. Tu es venu ensuite ici pensant que je ferais quelque chose pour toi. Eh bien! mon ami, tu me rends service. Je ne suis pas riche, mais j'aime à m'amuser, et rien ne m'amuse autant que d'avoir une jeunesse frétillante et turbulente autour de moi. Je te déclare donc que ta sœur et toi vous resterez chez moi, et que vous y serez les enfans de la maison.

— Voilà qui est bien parlé, dit la mattresse du logis. Regardez-vous ici comme si vous étiez chez défunt votre père.

Une chose étonnait un peu Louis : il avait entendu dire autrefois que son oncle et sa tante avaient un fils, et personne cependant n'en parlait, personne n'y faisait même allusion. Il fut sur le point d'en demander des nouvelles; mais, voyant qu'on n'avait pas l'air d'y songer, il craignit de commettre quelque faute et garda bouche close.

Il lui vint d'ailleurs en pensée qu'il était à propos de rappeler à son oncle que son projet, à lui, n'était pas de rester au château de la Buette.

— Je vous remercie mille fois de vos bontés, mon cher oncle, dit-il; mais pour moi, je ne veux accepter votre bonne hospitalité que pendant deux jours au plus. Je suis bien décidé à profiter des avances du fou de la reine Catherine; et je tiendrais pour indigne de ma naissance la paresse et la nonchalance qui me feraient accepter vos gracieuses offres.

— Quoi! mon neveu, dit le seigneur de La Mothe-Baranne, vous avez donc le diable au corps, ainsi que monsieur votre père? Sachez que les aventures ne réussissent pas beaucoup aux gens de votre famille, et que lorsqu'ils n'y périssent pas, ils s'y damnent! Je vous engage à rester ici.

— Je ne sache pas, dit Louis, moitié fâché, moitié surpris, que monsieur mon père ait rien fait dans sa vie qui puisse donner le droit de croire qu'il soit damné!

— Je ne vous parle pas de lui, répliqua l'oncle en fronçant le sourcil, mais d'un garnement...

— Mon ami! s'écria madame Thérèse en croisant les mains d'un air suppliant.

— Monsieur le baron! dit le curé avec autorité.

Le seigneur de la Buette baissa la tête; et, pendant une seconde, le battement précipité de sa botte sur le plancher témoigna seul de l'agitation de son esprit. Enfin, il réussit, à ce qu'il parut, à se calmer un peu.

— Va donc au diable! s'écria-t-il, puisqu'il n'y a pas moyen de te rendre plus sage.

Et se levant, il alla embrasser sa nièce.

— Quant à toi, ma petite, nous te garderons, nous te cajolerons, nous te soignerons, nous t'aimerons et tu nous tiendras lieu de tout ce que nous avons perdu.

Quand, le soir venu, Louis se trouva seul avec Belavoir, dans la chambre qu'on leur avait assignée :

— Que penses-tu de mon oncle? dit-il à son prudent conseiller.

Belavoir mit son doigt le long de son nez, ce qui était son geste favori, lorsqu'il se préparait à dire quelque chose de profond :

— Ou je me trompe fort, ou il y a ici un grand mystère. Il faut que le seigneur de la Buette ait éprouvé dans sa vie un malheur quelconque. Du reste, je le crois homme de bien, et je pense que mademoiselle Charlotte sera fort heureuse ici, surtout avec la compagnie de Madame sa tante que je tiens pour spirituelle, et de Monsieur le curé qui m'a l'air d'un saint.

— Penses-tu, demanda le baron d'un air sournois, que la société des saints contribue beaucoup au plaisir de la vie?

— Monsieur le baron, répliqua Belavoir avec gravité, je saisis l'occasion que me fournit cette remarque, pour vous faire observer que je suis parfaitement mécontent de vous depuis quelques jours.

— Mécontent de moi! que veux-tu dire?

— Je veux dire que vous me semblez doué d'une légèreté fort condamnable. Oui, Monsieur, j'ai été saltimbanque, sauteur, baladin, chansonnier, tout ce que vous voudrez; oui, Monsieur! et prêt, qui plus est, à le redevenir au premier moment, car je sens que ma vocation m'entraîne vers cet état sublime; mais je suis honnête, mais je suis pieux, mais je suis décent, mais je suis réservé, je ne pense ni ne songe à courir après les petites filles, tandis que vous, Monsieur le baron, vous avez toujours quelque pensée coupable en tête! Ah! mon Dieu, quand je pense qu'à votre âge, vous avez déjà noué une intrigue avec une femme mariée.

— A propos! oui, causons un peu de ma chère Barbette!

— Je vous ai déjà respectueusement interdit ces mots : *ma chère* Barbette! ils sont mal sonnans. Enfin, je voudrais vous voir vous plaire davantage à la conversation du digne curé, oui, Monsieur, à l'entretien des *saints!*

— Si tu viens à mourir bientôt, mon pauvre Belavoir, je te ferai canoniser : tu seras le premier de ta profession qui aura eu cet honneur.

— Vous vous trompez grandement, Monsieur; nous possédons déjà Saint-Genest, qni a inventé l'art de la danse des œufs, grand homme, Monsieur, et grand saint, ne vous en déplaise; il y en a peu qui le valent. Mais tous ces dits et contredits ne servent ici de rien. Je vous engage seulement à être plus modéré dans vos paroles, et à ne pas dresser l'oreille aussitôt qu'une jupe frôle à côté de vous. Nous allons à la cour; j'ai ouï dire que, dans ce pays-là, on ne saurait être trop retenu. Songez que nous sommes, sauf votre respect, de pauvres diables qui avons grandement besoin qu'on ne nous prenne pas en grippe.

Belavoir s'aperçut ici que son disciple, pensant à toute autre chose, n'accordait pas la moindre attention à son discours. Il ne voulut pas cependant perdre pour lui-même l'édification des excellentes paroles qu'il minutait, et il continua son sermon jusqu'à la fin; puis il prit son bonnet de nuit.

Deux jours se passèrent, pendant lesquels Louis put apprécier, dans toute son étendue, la bonté parfaite de sa tante et la brusque bonhomie de leur oncle. Les soupçons que l'ingénieux Belavoir lui avait inspirés sur les mystères de cette maison se trouvèrent parfaitement justifiés. Il devint évident pour lui qu'au milieu de la bonne humeur que le caractère enjoué du châtelain faisait régner, un secret assez triste pesait sur cette famille, et que sa présence, ainsi que celle de sa sœur, étaient venues tout à point distraire des esprits bien malades.

Les efforts pour le retenir durèrent pendant tout le temps de son séjour. Comme on le pense bien, ils furent inutiles. Il avait l'existence sédentaire en horreur. A toutes forces, il voulait tâter de la vie d'aventures. La cour lui apparaissait dans ses pensées comme un lieu de délices; rien n'aurait pu l'empêcher d'aller y tenter fortune. Puis, aiguillonné par Belavoir, il tenait beaucoup à reprendre la piste du tueur d'enfans. A la vérité, le service de la cour, les grands emplois que sa très-jeune imagination se flattait d'y trouver, ne cadraient pas parfaitement avec les loisirs nécessaires pour faire le chevalier errant à la poursuite d'un malandrin. Mais quoi! le ciel y pourvoirait! Il n'était pas homme à s'embarrasser d'avance dans de pareilles difficultés. Ce qu'il lui fallait surtout, c'était du brouhaha, et il était sûr d'en trouver en ne restant pas chez son oncle. Toutes les supplications restèrent donc vaines.

Les adieux du frère et de la sœur furent très-tendres, ces enfans ne s'étaient jamais quittés, et maltraités par ceux qui auraient dû les aimer, ils avaient reporté l'un sur l'autre toute la tendresse dont ils étaient susceptibles. Charlotte en embrassant son frère, poussa bien des soupirs; car elle ne savait pas quand elle le reverrait, ni même si elle devait jamais le revoir. Louis fut à deux doigts de pleurer aussi; mais il se souvint qu'il était à demi soldat, et il renfonça ses larmes.

Pour Belavoir, lorsqu'il vit Charlotte lui tendre la main, il ne se donna pas tant de peine, et s'étant jeté à genoux pour baiser plus convenablement ces doigts sacrés, il sanglota à faire envie à tous les veaux de la province.

— Mademoiselle ! s'écria-t-il, comptez bien que je garderai M. le baron de tout malheur, si seulement il veut m'écouter et n'en pas faire à sa tête ! Je prie monsieur le curé de nous donner sa bénédiction.

Enfin, tous les adieux faits et les dernières recommandations de l'oncle entendues, les aventuriers se remirent en chemin, légers de bagage, légers d'argent, car l'oncle, tout généreux, n'était pas riche, et n'avait pu leur donner qu'à proportion de ses ressources, mais vaillans comme mille paladins ensemble.

Nos compagnons ne parlaient que de tuer et d'éventrer. Le sage Belavoir avait mis son bonnet de travers, et quand Louis jurait que, pour lui, il ne serait pas content s'il ne devenait connétable, Nicolas déclarait que, pour satisfaire son ambition, il ne lui fallait rien moins que de devenir fou du pape!

Il n'eût pas fait bon chercher querelle à ces turbulens. Leur tête était montée, et ils auraient été capables de tout.

Cependant, malgré ces belles dispositions, rien de notable ne leur advint pendant leur voyage jusqu'à Blois, et ils arrivèrent en présence de cette ville sans avoir eu la moindre occasion de mettre au jour leur brillant courage. Ce n'était pas faute de tentatives cependant. Partout ils s'étaient informés du seigneur étranger, qui tenait dans leurs préoccupations tant de place; mais partout aussi on leur avait répondu qu'on n'en avait jamais entendu parler, et ils avaient compris que le meurtrier n'avait pas suivi la même route qu'eux. Enfin, dis-je, ils arrivèrent en vue de Blois.

— Apercevez-vous le château, monsieur le baron ? s'écria Belavoir. Voilà le lieu de nos exploits futurs ! Comptez-moi toutes ces fenêtres : il n'en est pas une, au premier étage, où vous ne mettrez le nez; car vous allez, sans retard, être admis partout, j'imagine ! Avec la protection du seigneur Sibilot, où n'irait-on pas ? J'ai dans l'idée que cette grande façade là-bas doit être l'appartement de Sa Majesté ! Vive le roi ! Et ici doit être, si je ne m'abuse, celui de monseigneur le duc de Guise... Vive monseigneur de Guise !

— Si tu cries ainsi vive tout le monde, lui dit Louis, tu risques fort de ne pas te faire d'amis.

— Vous avez raison. J'attendrai donc pour crier d'avoir reçu quelque petit profit du roi ou du duc. N'en parlons plus, et descendons vite. J'ai hâte d'aller présenter mes devoirs à monsieur Briscambille.

A mesure que les deux cavaliers avançaient, ils voyaient une grande multitude de gens fort affairés. Blois alors était animé. Outre la cour, il y avait là des troupes et surtout les députés aux états-généraux et leurs suites. Aussi les maisons regorgeaient-elles d'habitans et les rues de passans. Les guinguettes des environs étaient remplies de soldats et de laquais, et jamais, de mémoire d'homme, les gens paisibles de la ville n'avaient été à pareille fête.

Tout en avançant, nos cavaliers considéraient avec admiration ce remue-ménage. Louis était ravi; Belavoir était fort satisfait, et oubliait un peu sa morale pour porter envie aux Suisses et aux hallebardiers attablés dans les cabarets.

Enfin, il finit par découvrir une petite auberge qui lui parut devoir réunir les avantages du confortable, comme on l'entendait de son temps, où l'on n'était pas difficile, à ceux du bon marché.

— Nous ne serons pas somptueusement logés, dit-il ; mais à la guerre comme à la guerre !

On leur loua un grenier très petit. Ils s'y installèrent aussitôt, après avoir recommandé leurs montures au palefrenier. Comme ils étaient en train d'ouvrir leurs valises pour se mettre en costume convenable, et courir sans retard chez maître Briscambille, ils entendirent du bruit dans la rue ; ils coururent aussitôt à la fenêtre, en vrais provinciaux qu'ils étaient, et ils virent un spectacle assez curieux.

C'étaient des gentilshommes, tous de fort bonne mine, qui passaient dans la rue, se promenant deux à deux, et causant ensemble fort tranquillement. Un seul marchait derrière les autres sans compagnon; mais celui-là se mêlait à la conversation de ceux qui le précédaient.

Devant ces messieurs, tout le monde s'écartait; les soldats et les laquais prenaient la fuite, et les gentilshommes se détournaient avec un air de hauteur et en même temps de crainte. Les promeneurs avaient l'air cependant fort poli.

Par une singulière idée, Belavoir les compta, et vit qu'ils étaient *quarante-cinq*. Alors, il appela l'hôte pour l'interroger.

XVIII.

Par quelle épouvantable aventure fallut-il que l'opinion politique de Belavoir et de Louis fût fixée ?

Ces quarante-cinq gentilshommes qui se promenaient ainsi à la suite les uns des autres, ne parlant qu'entre eux, et évités soigneusement par tous les gens qui passaient, offraient un spectacle assez singulier en soi pour que la curiosité témoignée par Belavoir fût pardonnable.

Louis, avec un esprit non moins éveillé et une imagination non moins prompte, partagea tout d'abord ce désir de savoir ce que signifiait cette procession, et il joignit ses interrogations pressantes à celles de son gouverneur, lorsque l'hôte se fut rendu à l'appel.

— Ah! messieurs, leur dit le brave homme avec un léger tremblement dans la voix, c'est à coup sûr un grand honneur pour notre ville que de loger le roi, Sa Majesté le roi et messeigneurs ses serviteurs, mais il faut avouer, d'autre part, que des bourgeois d'humeur pacifique ont quelque peine à vivre au milieu de toutes les turbulences de la cour.

— C'est bien! bonhomme, c'est bien! s'écria Belavoir d'un ton protecteur. Vous parlez beaucoup pour ne nous rien dire de ce que nous voulons savoir. Bornez-vous à nous apprendre quels sont ces gentilshommes que nous venons de voir passer.

— Ce sont, reprit l'aubergiste, MM. les Quarante-Cinq Ordinaires de Sa Majesté, que nous nommons tout simplement les Quarante-Cinq par un motif que je ne connais pas.

— Il n'est cependant pas difficile à deviner, interrompit Louis en riant.

— C'est peut-être à cause de leur nombre, continua l'aubergiste. Tout ce que je puis vous dire, c'est que ce sont de bien honorables et bien respectables messieurs. Mais il paraît qu'ils aiment un peu à faire du bruit; car à tout moment, ils mettent la ville sens dessus dessous; ils battent les bourgeois, lutinent les bourgeoises, cassent les vitres, enfoncent les portes, boivent le vin et ne paient personne ; et quand on leur en demande bien honnêtement la cause, ils répondent tout uniment qu'ils sont Gascons. C'est là tout ce qu'on en peut tirer, sans compter les coups, dont ils sont fort généreux. Aussi font-ils grand'peur à tout le monde.

— Comment! s'écria Louis d'un air fier, ils font grand'peur à tout le monde? Il n'y a donc ici aucun gentilhomme sachant tirer l'épée?

— Eh! monsieur, reprit l'aubergiste, que voulez-vous faire contre des gaillards, j'entends d'honorables seigneurs qui s'entendent parfaitement entre eux, ne marchent que par troupe, et se jettent sur ceux qui les bravent comme un troupeau de loups sur une brebis? Il y a quelques jours encore, ils trouvaient à qui parler; mais maintenant...

— Ah! ils trouvaient à qui parler? Et

quels étaient ces braves dont la peur inspirée par messieurs les Ordinaires ne paralysait pas le courage ?

— C'étaient les gentilshommes de messieurs de Lorraine. Mais, maintenant ceux-là même ne soufflent plus mot. Le grand M. de Guise leur a défendu sous les peines les plus sévères, de faire la moindre querelle, et l'on ne voit plus de batailles par les rues comme cela arrivait à chaque instant. L'arrivée de messieurs de Guise a été un grand bienfait pour la ville.

Après ce renseignement, Louis laissa partir l'aubergiste.

— Il faut avouer, dit-il à Belavoir, quand il eut un peu rêvé, que la cour est un pays admirable ! Ne te sens-tu pas saisi du désir de faire partie de ces vaillans Quarante-Cinq qui donnent peur à toute une ville ? qui effarouchent des soldats, forcent des gentilshommes à reculer, et savent vivre en pays ami avec tous les avantages qu'on ne trouve d'ordinaire qu'en province conquise ?.

— Non, dit Belavoir, je n'éprouve nulle envie de faire bande avec messieurs les Quarante-Cinq. La fortune, monsieur le baron, est féconde en retours, et il est sans exemple qu'un homme dont le suprême plaisir est de battre ne finisse aussi par être battu.

— Te voilà devenu bien tranquille et bien modeste ! répondit Louis. Tu ne parlais pas ainsi lorsqu'hier, sur la route, tu voulais te colleter avec les charretiers qui nous barraient le passage ; et quand tu te mets en frais de fanfaronnades pour parler de toutes les grandes actions que tu comptes faire contre notre tueur d'enfans, tu n'es pas si rangé !

— C'est, monsieur, répondit Belavoir, que je possède le véritable courage. Je suis hardi à propos, et ne vais pas me jeter de gaîté de cœur dans des aventures maussades auxquelles rien ne me convie. Mais voici que nous sommes habillés; je suis d'avis que nous nous mettions en route pour aller au château. Nous ne saurions commencer trop tôt notre recherche de la fortune.

— C'est bien parler, allons, mais auparavant, je vais te dire une chose qui te prouvera ma prudence.

— Et quoi?

— Secoue la poignée de ta dague, pour voir si l'instrument sort facilement du fourreau; attache ton manteau de manière à pouvoir le jeter de côté en un clin d'œil, et enfonce-moi ton bonnet sur l'œil droit, pour te donner l'air d'un garçon qui veut être respecté, corps diable!

— Votre petit discours a été bien jusqu'au

bout, où il a chaviré sur un juron inutile. Allons, monsieur, en route !

Et Belavoir et le baron sortirent de l'hôtellerie pour gagner le château. Ils ne furent pas plus tôt dans la rue, qu'ils découvrirent, et cela sans nulle surprise, que mille occasions de querelles devaient se présenter à chaque instant. Outre que la voie était étroite, elle était parcourue par tant de monde, qu'il était à peu près impraticable de ne pas toucher quelqu'un, soit de l'épaule, soit du pied, et, dans ce siècle chatouilleux, il n'en fallait pas tant pour qu'un brave garçon désœuvré se crût en droit de mettre l'épée à la main et de vous en faire faire autant.

Si l'on ajoute à la susceptibilité naturelle de tous ces messieurs, les haines politiques, l'aversion que telle ou telle figure inspirait lorsqu'on la supposait portée par un partisan de la faction contraire à la sienne, on comprendra que le cliquetis des épées retentissait fréquemment dans les rues de la ville où la cour et les états-généraux étaient venus s'établir par suite de la révolte des Parisiens.

— Monsieur, dit Belavoir, ce que nous pouvons faire de plus spirituel, c'est de ne pas nous gêner. Marchons bon pas, et tout ce qui ne nous fera point passage, jetons-le de côté d'un coup d'épaule; peut-être qu'ainsi on nous prendra pour des bravaches, et l'on évitera de nous chercher querelle. J'ai toujours ouï dire que le danger s'évite mieux en l'affrontant qu'en biaisant avec lui.

— Je crois, vrai Dieu, que tu as raison! répliqua Louis.

Et comme l'avis de son gouverneur cadrait merveilleusement avec son inclination secrète, il se mit à fendre la presse de l'air d'un homme qui n'a rien à perdre, et qui ne regarde pas à se faire mettre six pouces d'acier dans le corps pour satisfaire sa verve impertinente.

Pendant quelques instans, cette façon de procéder réussit à merveille à nos amis; ils atteignirent même le bout de la rue qui mène au château, et Louis commençait en lui-même à réfléchir au moyen de découvrir Briscambille dans ce vaste palais de Blois, lorsqu'il se trouva passer à côté d'un jeune homme assez bien fait dont il toucha seulement du bout de sa rapière le bas du manteau.

Certes, il n'avait froissé en aucune façon ce passant; mais il venait d'en bousculer une douzaine, et il arriva que celui-ci se chargea de ce que les autres n'avaient pas jugé à propos de faire : il se fâcha.

— Holà, mon drôle! s'écria-t-il d'une voix impérieuse; holà, le faquin en habit gris! est-ce que nous sommes le pourvoyeur des petits chiens du roi, qu'il nous presse si fort d'arriver au château, et que nous colletons les gens? Sais-tu, maraud, que je te vais châtier de tes façons d'agir!

Louis se retourna. Il était d'un sang-froid merveilleux, puisque depuis un gros quart d'heure, il s'attendait à une querelle qu'il était stupéfait de n'avoir pas encore trouvée.

— Etes-vous gentilhomme? demanda-t-il froidement à son interlocuteur.

— Qu'est-ce que cela vous fait? répondit l'autre.

— Dans tous les cas, poursuivit le baron, gentilhomme ou non, je puis vous garantir que vous êtes un sot; car, pour avoir une affaire, il n'est pas nécessaire de tant crier. Allons, mettez l'épée à la main, et vitement, si vous ne voulez que je vous soufflette du plat de ma rapière.

— Très bien! très bien! s'écria Belavoir

en regardant les assistans qui avaient fait cercle. Je vous prends à témoin, messieurs, que mon jeune élève a gentiment rabattu le caquet de ce mirliflor.

Le mirliflor, outré de colère, mit l'arme à la main et se précipita sur Louis, qui le reçut vigoureusement. Il tirait quelque amour-propre (convenablement néanmoins!) de son habileté dans l'escrime, et il avait sujet d'être fier. Au bout de peu d'instans, la galerie jugea qu'il était plus fort que son adversaire, et qu'à moins d'un hasard, l'issue du combat ne pouvait que lui être favorable.

Cependant, malgré les observations assez décourageantes du public, l'adversaire se défendait bien, et on avait ferraillé déjà pendant quelque temps sans résultats, quand tout-à-coup deux grands diables d'hommes parurent au premier rang des spectateurs.

— Quoi! Fresny, s'écria l'un, te voilà à

battre le fer avec un morveux! Et nous qui, depuis une heure, t'attendons chez Lachapelle-Marteau! Allons, il faut en finir : je vais t'aider!

Et le colosse tira son épée pour attaquer le baron.

L'assemblée poussa un cri, mais non pas de désapprobation, comme on pourrait le croire en se réglant sur nos idées modernes. En ce temps-là, où on ne se faisait pas plus de scrupule de tuer un homme que de battre un chien, on ne mettait pas grandes cérémonies pour arriver à rendre les forces égales, et deux contre un, trois, quatre, cinq contre un, ne scandalisaient que les battus. L'assemblée se récria, simplement parce que cette nouvelle complication promettait un surcroît de plaisir.

Belavoir, à son tour, augmenta la satisfaction générale; car, en voyant le géant s'avancer, il tira sa dague, et d'un bond s'élança entre son maître et l'assaillant.

— Bravo! le bonhomme aux cheveux rouges; bravo! cria le public éclairé et impartial.

— Ah çà, mais nous n'en finirons donc pas? hurla l'autre ami, qui s'était tenu en repos. Voyons cette affaire-ci!

Il tira à son tour sa lame et entra dans la bataille.

En vérité, il n'eût été guère possible que Louis et Belavoir se tirassent sans encombre de cette affaire-là. Maître Nicolas avait infiniment moins de science que de bonne volonté, et sa cervelle légère ne l'avait jamais laissé réfléchir suffisamment sur la médiocrité de ses talens en fait d'armes. En deux passes, il eût été jeté sur le carreau, si tout-à-coup plusieurs voix ne s'étaient fait entendre derrière lui et son maître.

— Qu'est cela? qu'est cela? Trois guisards qui estramaçonnent contre de braves gens... des barricadeurs qui viennent attaquer les bons royaux. Où prennent-ils cette audace? Hohé! Montséry! est-ce que nous n'allons pas ranger ces faquins à leur devoir?

— Cap de Diou! cela va sans dire. Hohé! Loignac!

— Qu'est-ce qu'il y a? répondit une grosse voix à peu de distance.

— A l'aide! France! France! Des guisards qui attaquent des royaux. Hohé! Saint-Gaudens!

Et tout-à-coup, Belavoir vit l'épée de son ennemi arrêtée rudement par le contact d'une diable de lame qui n'en finissait plus, et en même temps le baron aperçut deux rapières d'une longueur également indéfinie qui se trémoussaient à côté de la sienne.

Pour le coup, les trois guisards reculèrent, et se mirent à crier d'une voix pitoyable : Au secours! Lorraine! Lorraine!

— Je t'en donnerai de la Lorraine! criait un des nouveaux venus, tout en poussant vigoureusement l'auteur de la querelle. Puisque tu l'aimes tant, la Lorraine, tu peux déjà t'y commander une fosse!

Et les épées brillaient, étincelaient, s'entrechoquaient, et c'était un tintamarre de cris de : France! France! Lorraine! Lorraine! A nous les catholiques! A nous les ordinaires! qu'on aurait pu croire que la ville de Blois était à sac. Le public nageait dans la plus vive allégresse. Jamais on ne s'était autant amusé dans le pays.

Les guisards avaient déjà reçu quelques estafilades, et Belavoir avait failli être embroché par la rapière du plus grand des agresseurs, quand une troupe de Suisses arriva. Comme on la vit venir de loin, les assistans s'empressèrent d'avertir les combattans; et comme personne ne se souciait d'être mis en prison, on fit trêve de part et d'autre; les guisards montrèrent le dos et s'enfuirent sans que personne songeât à troubler leur retraite. Quand les Suisses arrivèrent, ils ne trouvèrent plus sur le champ de bataille que le baron et Belavoir, échangeant des politesses, des remercîmens et les protestations de dévoûmens les plus chevaleresques, avec MM. de Saint-Gaudens, de Montséry et de Loignac.

— On m'afait tit, marmota l'officier des Suisses dans sa barbe, qu'il y afoir ici un betit bruit.

— On vous a trompé, capitaine, répondit Loignac avec sang-froid; cap de Diou! Voici monsieur, qui est un de nos amis, avec qui nous sommes tous tranquillement à causer.

— On m'afre drombé, poursuivit le Suisse d'un air de doute. Monsier il être de vos hamis? Monsier te Loignac, si n'être pas fous, ché fous aurais fait meddre en brison par brégaution; mais c'être fous; fous me bayerez ce soir une jobine, et tout sera tit.

— Voilà qui est parlé! s'écria Saint-Gaudens. Ce soir, nous souperons ensemble à la *Pomme de Pin*, qui est un bien joli cabaret, et monsieur, dont j'aurai l'honneur de demander le nom, nous fera celui de souper avec nous; car j'ai les braves en adoration, corne du diable! J'adore les braves, monsieur, corbleu! Et sacrebleu! monsieur, quand on manie l'épée comme vous, on est digne de frayer avec les ordinaires du roi, ventrebleu!

— Hélas! pensa Belavoir, voilà un homme

bien aimable et qui nous a sauvé la vie; mais il jure beaucoup!

— Monsieur, répondit Louis, dont les yeux pétillaient de plaisir, je suis profondément reconnaissant de cette invitation : vous mettez le sceau à vos bontés pour moi. Je souperai avec vous, messieurs, très volontiers, et toute ma vie j'aurai présent à la pensée le service immense que vous m'avez rendu. Je suis le baron Louis de La Mothe-Baranne, et de plus votre très humble serviteur.

— Il est gentil, très gentil, hein, Loignac, ce petit cavalier? dit Montséry en prenant la main du jeune homme.

— Ventrebœuf! s'écria Saint-Gaudens, touchez là, mon baron! Votre figure me revient. Nous allons vous reconduire jusqu'à votre logement. J'ai cependant regret que ce gros maroufle de Pfyffer soit venu nous déranger; car vous alliez découdre magistralement ce fat de Pernouilles, le plus damné guisard qui soit au monde.

— Il est vrai, répondit modestement Louis, que son compte était fait si on ne nous avait pas interrompus; mais, messieurs, vous ne prendrez pas la peine de venir jusque chez moi, car je me rendais au château, et avec votre permission, je continuerai ma route.

— A votre aise, monsieur, dit Monséry : nous y rentrions nous-mêmes, et de cette façon, nous serons encore bien plus sûrs de faire route ensemble.

Les ordinaires et Louis et Belavoir se prirent par dessous le bras et se mirent en chemin, suivis du capitaine Pfyffer, qui causait avec eux autant que le lui permettait sa gravité naturelle.

Le digne officier était fort indulgent pour les peccadilles de MM. les ordinaires. Comme il était sans cesse de garde avec eux, il eût trouvé d'un très petit esprit de les vouloir taquiner et contrarier dans leurs escapades : et pourquoi ? grand Dieu! pour satisfaire à des ordonnances dont personne ne se souciait, pas même ceux qui les avaient faites ? Comme le ciel l'avait doué d'une conscience délicate, il se rattrapait sur les guisards lorsque ceux-ci se permettaient l'ombre d'une contravention aux réglemens. Il les avait particulièrement en horreur depuis la journée des Barricades, où sa compagnie avait été écharpée par eux de la façon la plus cruelle.

La conversation entre les ordinaires et le baron fut toute de coups d'épée. Notre jeune gentilhomme avait quelque tendance à la bravacherie, et dans la compagnie de fanfarons comme ces messieurs, il se laissa aller à ses dispositions naturelles. S'il s'était montré honnête, doux, posé comme il l'était parfois, ces messieurs l'auraient pris en pitié et honoré d'une faible attention ; peut-être même eussent-ils été jusqu'à lui donner quelque sobriquet dans le genre de celui dont les soldats de l'empire furent depuis si prodigues envers les bourgeois inoffensifs : soupe au lait. Mais soupe au lait si l'on veut, le lait avait monté et s'était emporté. Louis plut à Loignac par son air délibéré, à Montséry par son admiration sans bornes pour les ordinaires, à Saint-Gaudens par les jurons forcenés auxquels le cavalier s'abandonna à son exemple.

Belavoir se promit de calmer son pupille par une longue et onctueuse homélie, et de le ramener à de meilleurs sentimens.

Bref, la compagnie arriva au château.

— Sans indiscrétion, dit Loignac, puis-je vous demander à qui vous en voulez ici ?

— Vous allez rire, répondit Louis, quand je vous aurai avoué le nom de mon protecteur.

— La connaissance des gens de talent est toujours flatteuse et honorable.

Comme on le pense bien, c'était Belavoir qui, d'un air doctoral, se permettait cette réflexion.

— Parlez toujours ! s'écria Montséry : quand on connaît quelqu'un comme nous vous connaissons, on est toujours sûr que ce qu'il fait est bien fait.

— Vous êtes trop indulgens, messieurs : je vous confesse que je vais chez le fou de Sa Majesté la reine-mère.

— Chez Briscambille ? s'écria Loignac en riant. Mais c'est un de nos meilleurs amis. Tenez, il soupe ce soir avec nous, et peu de nos parties de plaisir ont lieu sans qu'il en soit. Briscambille ! mais c'est un garçon d'esprit et de mérite, un brave fou, un bon diable que j'estime mille fois plus que bien des grands seigneurs, et quoiqu'il ne soit pas au service du roi et qu'il n'appartienne pas à la famille des gens d'épée, tenez pour certain que j'en fais un cas particulier.

Belavoir se rengorgea. On eût dit que l'estime accordée à l'objet de son admiration lui revenait à lui-même.

De son côté, l'amour-propre de Louis fut flatté de voir que l'amitié du fou ne le compromettait pas aux yeux de ses nouvelles connaissances. Il prit congé en renouvelant la promesse de ne pas manquer le rendez-vous du soir au cabaret de la *Pomme de Pin*.

Alors, conduit par un laquais que lui donna Loignac, il monta au palais, et après avoir traversé force couloirs obscurs, il entra, suivi de Belavoir, dans une antichambre où se trouvait un petit page.

— Monsieur Briscambille? demanda-t-il.

L'enfant le regarda et sortit sans lui répondre, et sans même lui demander son nom.

Un instant après, le même page reparut et fit signe aux deux visiteurs de le suivre.

— Pas de bruit, leur dit-il à voix basse.

XIX.

Une grande ombre apparaît, et de mauvaises nouvelles la suivent.

La recommandation de ne pas faire de bruit, jointe à l'air mystérieux du page et à la solennité un peu lugubre de ce grand palais de Blois, inspirèrent assez de respect au baron et à Belavoir pour leur faire prendre un air modeste, et même consterné, qui allait tout à fait à la circonstance, mais qui les eût bien fait rire de la part de toute autre personne qu'eux-mêmes, et avec raison, car une visite à un fou pouvait difficilement, au premier abord, donner l'idée d'une contenance aussi sérieuse et aussi réfléchie.

Pourtant, comme on va le voir, l'instinct des deux jeunes gens ne les avait pas trompés. La gravité était ici nécessaire.

Le page les introduisit dans une pièce fort grande et qui ressemblait à une salle d'attente. Le long du mur, garni de boiseries de chêne, s'étendaient des bancs massifs, où le baron et Belavoir allèrent s'asseoir, sur l'invitation de leur guide. Puis ils furent laissés seuls, et quelques instans se passèrent.

— Sais-tu bien, dit tout bas Louis à son

confident, que je ne suis pas satisfait du tout de ces préliminaires?

— En effet, Monsieur, il y a dans ce diable de château quelque chose de rechigné et qui ne me convient guères, et n'était la parole que nous avons donnée à Briscambille de venir le voir, je serais presque d'avis de ne pas nous aller embarrasser les jambes dans les intrigues de cette Cour.

— Tu parles comme un livre, mon pauvre Belavoir, c'est-à-dire de la manière la plus ridicule. Plût au ciel que nous eussions les jambes embarrassées dans les intrigues de la Cour, pour m'exprimer comme toi. Mais nous n'en sommes pas là, hélas! Et ma crainte est qu'il ne se passe ici de trop grandes choses pour qu'on prenne le temps de faire attention à nous et de nous mettre de la partie.

Comme le baron parlait encore, une portière se souleva et Briscambille parut. Belavoir s'était fait une fête de le voir sous les joyeux insignes de sa profession; cette attente fut trompée; le fou de la reine Catherine était entièrement vêtu de satin noir, absolument comme un avocat ou un médecin aurait pu l'être, et l'expression de son visage répondait parfaitement à ce triste costume.

Le seigneur Briscambille avait le sourcil froncé, la bouche close, les lèvres serrées, le regard mélancolique, et il marchait rapidement, ou plutôt il glissait sur la pointe des pieds. En apercevant le baron et Nicolas qui venaient au-devant de lui, le sourire sur les lèvres, il pressa le pas, et emmenant ses deux protégés dans le coin de l'appartement le plus éloigné de celui par lequel il était entré, il leur dit avec une physionomie mortuaire :

— Je dois avoir l'air d'un homme qui a perdu toute sa famille? Dieu sait que je n'ai jamais eu autant envie de rire. Prenez-moi vite l'enveloppe lugubre dont tous les bons royaux sont revêtus en ce château.

— Volontiers, se hâta de répondre Belavoir, et il fit la figure qu'on lui demandait.

— Du reste, poursuivit Briscambille, je ne veux pas vous flatter, mais vous ne pouviez venir plus mal à propos. Je ne sais s'il sera possible de faire pour vous la moindre chose.

— Et pourquoi, je vous prie? demanda Louis tout inquiet.

— Parce que cette Cour, la plus agitée, certes, qui soit en Europe, n'a jamais eu à aucun moment des préoccupations plus vives qu'en ce moment. J'ai toutes raisons de croire que vous êtes un homme d'esprit, je prends la respectueuse liberté de vous considérer comme mon client; je vais donc vous dire aussi rapidement que possible où nous en sommes.

— Vous m'obligerez beaucoup, répondit le baron.

— Vous savez déjà pourquoi nous habitons Blois.

— Oui, parce que vous vous êtes échappés de Paris.

— C'est parfaitement cela ; mais nous nous sommes échappés parce qu'on voulait prendre Sa Majesté Très Chrétienne, lui faire une tonsure cléricale et l'envoyer finir ses jours dans un couvent sous le nom de frère Henri de Valois, pour la plus grande satisfaction de messieurs les princes de Lorraine, nos bons, nos excellens cousins. Une fois sortis du Louvre, nous avons laissé des gens bien attrapés et fort penauds. Madame Catherine, ma bonne et glorieuse maîtresse, a compris, avec ce génie qui lui appartient, qu'il était grand temps de contrebalancer l'énorme pouvoir de messieurs de Guise, et elle a fait quelques menus efforts pour paralyser les progrès de la Ligue dans les provinces; j'en sais quelque chose et pour de bonnes raisons. Puis, comme on a besoin d'argent, nous avons réuni les États-Généraux. Savez-vous bien ce que c'est que les États-Généraux, monsieur le baron?

— C'est la réunion des trois Ordres du royaume traitant les affaires conjointement avec le roi.

— Vous me faites là, avec votre permission, une réponse d'écolier. Je vous ai dit tout-à-l'heure que le roi se défendait contre les Guise, et je vous ai laissé entrevoir que la reine Catherine tâchait de se placer entre eux. Ce qui fait trois partis. Vous devez savoir en outre que le roi de Navarre est en armes dans le Midi, ce qui fait quatre partis. Eh bien! pour mettre ces quatre partis d'accord, on a réuni, disions-nous, les États-Généraux, et l'on a vu surgir le parti des bourgeois qui, non-seulement ne veut pas donner l'argent qu'on demande, mais qui encore arrive avec de beaux projets d'économie; le parti des savans qui trouve que l'État est mal gouverné et qui propose des réformes, des changemens, des variations à n'en plus finir; le parti des... Bref, je n'en finirais pas si je voulais vous énumérer tous les partis qui existent en ce moment et qui bourdonnent autour de nos oreilles : ajoutez à cela que ce grand guisard a eu l'imprudence de venir à Blois, qu'il habite dans le château, qu'il se présente tous les jours au conseil et qu'il y fait une peur atroce; ajoutez que Sa Majesté, placée sous l'empire de cette peur, est tombée dans une tristesse des plus profondes, et n'ordonne plus ni bals, ni processions; enfin, sachez encore que la reine Catherine est malade et se meurt; vous aurez alors le tableau complet de notre situation et je demande si ce n'est pas un moment effroyable.

— Tellement effroyable, dit le baron confondu, que je ne comprends pas de quelle manière on pourra s'en tirer.

— Monsieur Sibilot, qui est un grandissime penseur, vous dirait que précisément le plus fâcheux de notre affaire est que nous nous en tirerons, parce qu'on se tire de tout, et qu'il trouverait véritablement merveilleuse une situation dont on ne pourrait sortir. Malheureusement, tout cela aura une fin. Maintenant, imaginez-vous les visages de tous les courtisans, l'embarras de ces messieurs qui s'y peint, les craintes, les espérances, les ambitions subites, les désespoirs instantanés, et vous comprendrez encore, outre tout ce que vous avez déjà compris, qu'il est bien difficile que l'on songe en ce moment à un jeune gentilhomme fort aimable et fort avenant. Je ne laisserai pas cependant de vous présenter à M. Sibilot.

— Oh! dit le baron, qui avait quelque hâte de raconter ses exploits, j'ai déjà fait des connaissances parmi les gens de la cour.

— Pourrais-je vous demander à qui vous vous êtes adressé?

Louis de La Mothe-Baranne fit le récit de son aventure. Briscambille l'écoutait avec intérêt, quand la portière par laquelle il était venu fut soulevée, et une singulière procession entra.

Par devant marchait un lévrier, la tête basse et l'air profondément ennuyé; après cet animal, remplissant les fonctions d'huissier, venait une grosse dame fort âgée, le visage plombé, l'œil à demi-éteint, et qui s'appuyait lourdement sur deux jeunes personnes extrêmement jolies. Derrière ce groupe, un homme tout en noir, avec une large barbe grise, un bonnet noir, un pourpoint à grandes manches tombantes, l'air fort sérieux, fermait la marche.

En voyant paraître cette troupe, Briscambille s'était levé avec une nonchalance de grand seigneur, et avait fait signe à ses deux amis de l'imiter. Puis, apercevant l'air étonné et chercheur du jeune baron, il lui glissa dans l'oreille ces mots magiques :

— Voici la reine Catherine !

Je dis *magiques,* et je dis bien, car en effet le gentilhomme en fut tout bouleversé. La jeunesse a un sentiment vraiment fantastique de l'illustration et de la puissance; elle place les grands et les héros dans un monde féerique, dans une sphère en dehors de la sphère commune, et en un mot, a conservé beaucoup de l'opinion des enfans, qui s'imaginent toujours un roi comme un être magnifique et bisarrement vêtu, couronne en tête et sceptre en main. Bref, à l'aspect de madame Catherine, notre aventureux cavalier crut contempler en même temps la puissance auguste de la reine, la grandeur de sa naissance, la profondeur de son caractère, la hauteur de son génie et l'histoire si accidentée de sa vie, qui la rendait pour chacun, en France et même en Europe, un grand objet d'admiration ; et pourtant la vieille femme qu'il avait sous les yeux était replète et commune.

Catherine de Médicis! ce mot rappelle bien des philippiques, bien des injures, bien des violences. L'histoire se refait tous les cinquante ans avec les passions et les habitudes d'esprit et les modes de politique du jour; et on avait oublié, dans les générations qui nous précèdent, que cette grande reine mérita d'être ménagée même par les prédicateurs de la Ligue, qui cependant étaient bien irrités contre elle au moment où elle mourut. Les mélodrames en ont fait une espèce de sombre Agrippine... Elle n'était rien moins que cela. C'était une princesse spirituelle, aimant la domination, sachant l'exercer, détestant l'emploi des moyens violens, désirant, comme plus tard Mazarin, gouverner au moyen d'un système de bascule plutôt qu'en coupant des têtes et en établissant des échafauds en permanence.

Voilà ce qu'était Madame Catherine, ou plutôt, puisque je me transporte au moment où La Mothe-Baranne se leva devant elle, voilà ce qu'elle avait été, car alors la maladie l'avait anéantie.

Peu de semaines s'étaient écoulées depuis

ses grandes négociations manquées avec le duc de Guise, négociations qui malheureusement avaient abouti à la journée des Barricades et à la fuite du roi hors de Paris : elle essayait encore de poursuivre par les moyens souterrains, qui lui étaient si familiers, sa politique de ressources et d'expédiens ; mais à cet esprit, à ce corps exténués, l'existence commençait à manquer.

Dans une crise aussi brûlante que celle où se trouvait alors la monarchie, c'était assez que d'abandonner un instant le champ de bataille pour se faire oublier : Madame Catherine le sentait, le savait, se raidissait, et pourtant ne pouvait reprendre son activité. Chaque jour, de longs évanouissemens, présages de sa fin prochaine, lui démontraient l'inutilité de ses efforts, et cette grande reine se voyait, vivante encore, elle, la veuve de Henri II, elle, qui avait régné seule sous trois rois, abandonnée des courtisans, réduite à la société de ses dames d'honneur et de son médecin, et près de mourir en laissant la France à deux doigts de sa perte.

Mais La Mothe-Baranne ne faisait pas toutes ces réflexions : il ne contemplait que la grande reine dont il avait entendu parler, et il était confondu d'émotion et de respect.

Quant à Belavoir, il se montra plus philosophe, et madame Catherine ne lui fit pas la moitié de l'impression qu'il était destiné à ressentir plus tard à l'aspect de M. Sibilot. Les rois et les reines étaient tellement au-dessus de lui, qu'il n'avait aucune espèce de sentiment à leur sujet.

Madame Catherine s'arrêta devant le groupe qui s'était levé à son approche, et, comme une personne ennuyée, se mit à le considérer. Elle démêla aisément, dans la physionomie vive et spirituelle de Louis, les sentimens qui agitaient le jeune homme, et cette flatterie naïve ne lui déplut pas. Elle s'adressa à Briscambille avec cette voix un peu rauque et cet accent italien que les historiens ont soigneusement remarqués :

— Quel est ce joli garçon, Briscambille ?

— Madame, c'est un gentilhomme de mes amis qui cherche fortune, répondit le fou sans hésiter, et qui voudrait bien s'accrocher quelque part pour pouvoir subsister.

— Pauvre diable! dit la reine ; est-ce qu'il vient pour suivre la cour ?

— Je crois, madame, répartit Briscambille, qu'il ne serait pas fâché qu'on lui en donnât le droit, en lui conférant un emploi quelconque.

— Madame, interrompit respectueusement Louis, je serais heureux de verser mon sang au service de Votre Majesté.

— Mon pauvre ami, répondit la reine, ma Majesté n'a plus besoin qu'on verse son sang pour elle; et d'ailleurs, il y a dans ce pays-ci une assez grande abondance de coupe-jarrets. Vous avez une physionomie agréable; je suis fâchée de penser que vous allez tourner mal comme tant de pauvres diables que j'ai vu venir ici, y mal faire et y mourir. Messieurs, allons-nous-en : je sens que je vais perdre connaissance.

Effectivement, madame Catherine pâlissait, ses yeux s'éteignaient, et les deux dames d'honneur n'eurent que le temps d'ouvrir leurs bras et de l'y recevoir. Elles l'emportèrent dans la chambre d'où elle était venue, et la portière retomba derrière elle.

Les témoins de cette scène restèrent muets quelque temps; enfin, Briscambille prit la parole :

— Oui, monsieur le baron, le fait est

bien certain : vous ne pouviez venir à la cour dans un moment plus défavorable. Il fut un temps, et ce temps n'est pas encore bien loin, où on ne s'occupait autour de Leurs Majestés que de jeux et de plaisirs; peut être même abusait-on du bilboquet et de la sarbacane, et de mille autres plaisanteries; mais si nous nous sommes trop amusés, nous en faisons une rude pénitence, car nous ne nous amusons plus du tout. Loin de là! ou je me trompe fort, ou il y a dans l'air de prochaines catastrophes. C'est l'avis de M. Sibilot, c'est aussi le mien; et d'ailleurs, il me semble qu'il ne faut pas être sorcier pour deviner qu'avant peu il y aura des épées en l'air, et que notre bon cousin, monsieur de Guise, nous donnera du fil à retordre.

— Ou nous lui en donnerons, fit observer le jeune baron.

— Vous dites fort bien, répondit Bris-cambille en levant la tête; mais c'est le moins probable.

— Nous parlons là de choses fort intéressantes, sans doute, interrompit Belavoir, mais qui ne nous concernent que médiocrement. Pourquoi ne raisonnerions-nous pas plutôt sur l'emploi à donner aux petits talens, à la haute bravoure de monsieur le baron? Ce serait un sujet d'entretien qui me semblerait plus agréable.

— Hé! précisément, mon pauvre ami, répartit Briscambille, je me lamente de ce qu'il serait à peu près infructueux. Quand nous argumenterions jusqu'à demain, je ne sais pas ce que nous pourrions trouver à faire dans une cour ainsi désorganisée. J'avais d'abord eu la pensée de faire attacher monsieur le baron au service de madame Catherine; mais madame Catherine, comme vous le voyez, n'a plus long-temps à vivre, et entrer à son service ne conduirait qu'à suivre son enterrement avant peu. Le roi... le roi passe sa vie dans son oratoire, et n'a pas un sou à donner à ses serviteurs. En vérité, je ne sais que faire de vous.

— Je vous préviens, reprit Belavoir attristé, que nous ne possédons plus grand argent, et que si monsieur le baron ne trouve pas un emploi qui lui donne droit à la gamelle, nous allons mourir de faim.

— Mon cher ami, répliqua Briscambille, c'est fort triste, mais en vérité, je ne puis cacher la vérité à monsieur le baron. Attendons quelques jours; peut-être y aura-t-il une bourrasque, et dans l'eau trouble, vous trouverez quelque chose à pêcher.

— Le fait est qu'il n'y a rien de tel que l'eau trouble, murmura Belavoir.

— Allons, dit Briscambille, revenez me

voir ; je retourne auprès de la reine, qui peut avoir envie de rire et qui ne saurait rire sans moi. S'il se passe quelque chose de favorable pour vous, je vous en avertirai.

— Vous ne laisserez pas, malgré la maladie de madame Catherine, de venir au souper de MM. les Ordinaires? dit le jeune homme.

— Pourquoi voulez-vous que je ne soupe pas?

— A merveille! Ainsi donc, nous nous reverrons bientôt.

Les adieux faits, Louis et Belavoir sortirent du château assez peu satisfaits de leur début.

— Nos affaires marchent bien mal, dit le baron.

— Bah! répondit Belavoir, qui sait? Nous sommes dans une bonne auberge, nous possédons de bons habits, nous n'avons qu'à nous promener : je ne vois rien là de si fâcheux.

— Oui ; mais quand nous serons au bout de nos ressources ?

— Eh bien ! nous ferons des dettes.

— Et comment les payer ?

— Monsieur, si les débiteurs payaient toujours leurs dettes, les marchands deviendraient aussi riches que des rois, ce qui serait irrespectueux de la part de ces faquins. Tenons-nous en gaîté, et ne nous tourmentons de rien. Monsieur, je vous dirai même que je me sens en pointe d'appétit, et que mon avis serait, bien qu'il soit encore de bonne heure, de nous acheminer vers la *Pomme de Pin*. Quelqu'un de nos convives y sera peut-être arrivé déjà, et on pourra préluder au festin par quelques tranches de jambon grignottées sans conséquence. N'est-ce pas là une sage opinion ?

— Je la goûte assez, répondit La Mothe-Baranne.

Aussitôt Belavoir prit un pas plus allongé, et bientôt son maître et lui parvinrent à la porte extérieure du château.

Là, une grande foule leur barra quelque temps le passage. Des bourgeois, des manans, des soldats étaient réunis, et une sorte d'escorte passait.

— Voilà sans doute le roi qui rentre de quelque promenade, dit Belavoir.

— Je ne le pense pas, répondit le baron, car ce n'est pas sa livrée que je vois. Eh! pardieu! à ces cris, il n'y a pas moyen de s'y tromper!

Belavoir distingua bientôt des : vive monsieur de Guise! qui le mirent au fait. Il se dressa sur la pointe des pieds pour contempler le défilé à son aise, et tâcher d'étudier la face de l'homme qui était plus en France que le roi lui-même. Sa curiosité ne fut pas satisfaite : il n'aperçut que de côté le chef de la Ligue, et ne vit pour ainsi dire que son ombre; mais en revanche, il reçut dans les côtes une bourrade d'un homme d'armes lorrain, qui lui cria :

— Holà! brave faquin! chapeau bas devant monseigneur!

Pour n'être pas obligé d'obtempérer à de pareils ordres, Louis entraîna Belavoir rapidement. Peu d'instans après, il entrait avec lui au cabaret de la *Pomme de Pin*, où plusieurs de MM. les ordinaires étaient déjà arrivés.

XX.

Un souper mystérieux où l'on parle à mots couverts.

Plusieurs de MM. les ordinaires se trouvaient déjà là, et l'on menait un tapage assez complet. On n'en était pas encore, à la vérité, à rien casser, mais seulement par la bonne raison que le souper n'était pas même commencé, et que l'on ne faisait que se rafraîchir en buvant à petits coups. La table même n'était pas tout à fait mise.

Pourtant, tout promettait une bonne soirée, et les convives se trouvaient dans une de ces dispositions brillantes qui semblent présager que les plats, les assiettes, les tables, l'aubergiste et la maison même n'ont qu'à se bien tenir.

La Mothe-Baranne fut bien reçu, et Saint-Gaudens, se posant, Dieu sait pourquoi! en maître du logis et en amphytrion, le présenta à plusieurs de ses camarades, qui, n'ayant pas assisté à la bataille livrée contre les guisards, n'auraient pu deviner le rare mérite du jeune cavalier, si on ne les eût mis au fait.

— Mille millions de tonnerres! s'écriait Saint-Gaudens, vous voyez en monsieur un de ces braves destinés aux plus grandes choses! Coup-d'œil sûr, jarret d'acier, main légère; rien ne lui manque! Il vous manie une rapière avec une grâce qui est le partage de bien peu de monde.

— Vous me comblez, monsieur de Saint-Gaudens!

— Je vous rends justice, corps bœuf! et si vous appelez cela un trait d'ami, comptez que je suis le vôtre, monsieur. J'espère qu'un jour nous ferons campagne ensemble contre les guisards; vous verrez alors comment je sais me conduire, moi aussi, et j'aime à me persuader qu'un compère de ma trempe ne vous paraîtra pas indigne de vivre dans votre intimité. Ah! sang Dieu! les bons coups de lame que nous donnerons donc contre ces maudits rebelles, ces infâmes Lorrains, gens plus pervers que les huguenots, à vrai dire! Coquins tout emmiellés par des douces paroles, des mines saintes et confites, et qui, au-dedans, sont tout remplis de trahison, de manque de foi, de déloyauté et des vices les plus considérables. Par ma barbe! monsieur de La Mothe-Baranne, je veux que nous nous voyions ensemble contre eux sur le champ de bataille.

— J'en serai fort honoré, monsieur de Saint-Gaudens.

— Oui, mille millions de diables verts! il nous faudra exterminer cette vermine avec l'épée, la dague, l'arquebuse, la pertuisane, la hallebarde et toutes les lardoires de la création. Ce sera beau, ce sera très-beau, sans compter le service que nous rendrons au roi et au royaume. Pour moi, je veux prendre ces Lorrains, et que la peste m'étrangle si je ne me sens d'humeur à les égorgiller tous, depuis le plus grand jusqu'au plus petit! Sur ce, je bois à votre santé. Messieurs, à la santé de monsieur le baron de La Mothe-Baranne! Mais ce diable de Loignac nous fait bien attendre.

Sainte-Malines entrait à l'instant. Quand il eut salué et accroché son manteau à un clou, on lui demanda où était Loignac, et pourquoi il n'arrivait pas.

— Ah! d'honneur, dit Sainte-Malines, je ne sais ce qu'il fait; si je ne l'avais pas attendu, je serais ici depuis une heure. Nous allions sortir ensemble, quand le roi l'a fait appeler; il s'est rendu auprès de Sa Majesté, et bien qu'il y ait fort long-temps, comme il ne sort pas du cabinet, je l'ai laissé et m'en suis venu seul vous rejoindre.

— Tu as, parbleu, bien fait? Sa Majesté aura demandé à Loignac de lui montrer un nouveau tour sur le bilboquet. Il est diablement fort au bilboquet, Loignac! C'est un gentilhomme de mérite; je ne dis pas cela parce qu'il est notre capitaine; on sait que je ne suis pas flatteur, mais, corne du diable! j'aime Loignac, et si quelqu'un le trouve mauvais, il n'a qu'à le déclarer, je lui insinuerai mes petites raisons dans le corps par une boutonnière proprement faite à son pourpoint, je m'en vante!

— Allons, Saint-Gaudens, cria Sainte-Malines, pas de querelles! On apporte le souper. Faisons comme si Loignac était là. Qu'on lui réserve la place d'honneur; lorsqu'il arrivera, il se mettra à manger et à boire comme quatre et trouvera que nous avons eu raison de ne pas différer. Messieurs, à table!

L'opération s'effectua à l'instant avec un redoublement de tapage. A peine tout le monde était-il assis que la porte s'ouvrit.

— Voici Loignac! s'écria-t-on.

Non. C'était Briscambille. Il fut bien reçu et il trouva à se caser, non loin de La Mothe-Baranne à qui il adressa un salut d'amitié.

— Hohé! monsieur de Briscambille, cria un grand diable de Gascon, comment les choses vont-elles à la cour?

— Ma foi, monsieur de Herbelade, si vous êtes de mon avis, laissons la cour tranquille, on y fait des mines trop sombres, et laissez-moi m'occuper seulement des physionomies joyeuses que je vois ici.

— Bravement répondre, s'écria Sainte-Malines, je bois à toi, mon brave fou.

— Et moi, à vous; n'en parlons plus.

— Holà hé! monsieur de La Mothe-Baranne, hurla de l'autre bout de la table, un petit homme noir comme une taupe, avec des moustaches qui poignardaient le ciel, je me nomme Halfrenas, et je suis votre serviteur.

— Merci, monsieur de Halfrenas. C'est

moi qui suis votre valet. Qu'y a-t-il pour votre service?

— N'êtes-vous pas huguenot, sans vous offenser? J'ai fort connu un de vos parens, très-bon huguenot, brave cavalier, beau dagueur, grand buveur, enjôleur de filles, et qui d'habitude ne quitte pas plus le roi de Navarre que son ombre.

— Je ne me connaissais aucun parent au service du roi de Navarre, et surtout je ne croyais pas qu'il y eût un huguenot dans ma famille. Je suis bon catholique et espère le rester jusqu'à mon dernier soupir!

— Vrai, comme je m'appelle Saint-Gaudens, cornes de tous les diables! Vous mettez le sceau à mon amitié pour vous, mon petit ami! Toujours la piété assaisonna la valeur, et moi, tel que vous me voyez, qui puis passer pour un intrépide, quoique je ne m'en fasse pas accroire, je ne voudrais pas rester une demi-minute sans mon scapulaire sur la peau et mon chapelet dans la poche.

— Que fait donc Loignac, qu'il n'arrive pas? dit Sainte-Malines.

— S'il reste au château pour son plaisir, répondit Briscambille en buvant son verre à petits coups, il est d'un goût singulier. Jamais je n'ai vu pareille tristesse. La reine Catherine est plus malade que jamais et se plaint à fendre le cœur; le roi s'est enfermé avec son écuyer du Halde et Loignac, et toutes les chandelles sont éteintes; il n'y a que chez les guisards où l'on a l'air de s'amuser beaucoup. Là, Nemours, tous ses serpens de fils, duc et cardinal, et le d'Espignac font, à ce qu'il paraît, un souper à ravir les dieux. Pour moi, je n'ai fait que passer devant leur cuisine, et il m'en est monté aux narines un parfum digne de réveiller un mort!

— Que le ciel écrase tous ces guisards, comme je fais mon verre !

— Bien dit, Chalabre ! Ils oppriment le roi, ils ont chassé la gaîté de la cour, ils veulent, j'en suis certain, usurper cette couronne de France et en donner toutes les places à des gueux venus sans pain, de Metz et de Nancy. Mais avant qu'ils ne réussissent, il leur faudra, je le jure, passer sur le ventre des Quarante-Cinq !

— Bravo ! bravo ! tu as raison, Sainte-Malines, tu parles comme un ange !

— Ah ! ventre diable ! pourquoi ne m'a-t-on pas laissé exécuter mon beau projet.

— Messieurs, écoutons le projet de Saint-Gaudens.

— Il était bien simple et bien naturel. J'ai présenté au roi une pétition dans laquelle je soumettais respectusement à Sa Majesté : 1° Que le nombre des guisards s'augmentant tous les jours, il importait de mettre un terme à un pareil mal; 2° que je m'offrais, moyennant un écu par tête, à tuer autant de ces coquins qu'on voudrait. Je calculais l'affaire à dix guisards par jour l'un dans l'autre; de cette façon-là, je supputais encore qu'il me faudrait environ un an pour faire place nette. C'était là un merveilleux projet; mais Sa Majesté est si mal conseillée.

Sainte-Malines frappa du pied.

— Hé! Saint-Capautel! cria-t-il, toi qui es près de la fenêtre, dis-moi donc si tu ne vois pas venir Loignac?

— Volontiers!

Le Gascon se pencha.

— Je ne vois rien que de la neige qui tombe, et encore c'est grâce au clair de lune; Loignac aura eu quelque lubie et n'aura plus songé à venir. Mais, mon pauvre Sainte-Malines, tu as l'air tout inquiet?. Que te fait, après tout, la présence du capitaine? On dirait que tu attends ta maîtresse !

— Messieurs, répondit Sainte-Malines en se renversant sur la tête, vous êtes là à boire comme des trous et à faire un bruit d'enfer, et parce que vous vous amusez, vous avec l'air de croire que tout va sur des roulettes dans le gouvernement; mais il n'en est pas ainsi et je sais des choses qui..... il y a des circonstances que... si je voulais parler, je pourrais vous apprendre des projets dont... Enfin suffit! Je me comprends, et je voudrais bien que Loignac fût arrivé.

— Je sais ce que c'est, dit Saint-Capautel en repoussant son assiette; et si vous voulez me croire, vous ferez bien. Sériac que voici, et moi, nous savons à merveille qu'il ne s'agit aujourd'hui de rien moins à la cour que de se raccommoder avec le roi de Navarre.

— Avec le roi de Navarre? dit Louis.

— C'est comme j'ai l'honneur de vous le dire, on est si las des guisards, que l'on préfère les huguenots, et l'on a, ma foi! raison.

— Certes, l'on a raison, cria Sainte-Malines.

Chacun se mit à approuver. Cette opinion ne trouvait point d'opposans.

— Après tout, les huguenots sont des Gascons et valent un peu mieux que les Lorrains!

— Puis, le roi de Navarre est l'héritier du trône!

— Puis, c'est un parent du roi et son beau-frère!

— Et au diable les barricadeurs et tout ce qui leur ressemble!

La porte s'ouvrit tout-à-coup et un cri unanime s'éleva :

— Voilà le capitaine ! Où diable êtes-vous resté si long-temps?

Loignac ne répondit pas. Sa figure, naturellement assez dure et fort basanée, avait une expression indicible de hauteur et de mystérieuse sévérité. Il avait son bonnet de velours noir rabattu sur les yeux; et lorsqu'il l'eut ôté, on vit qu'il était fort pâle et que ses lèvres étaient contractées comme il arrive chez un homme qui a besoin de faire effort sur lui-même pour paraître à peu près calme et cacher ce qu'il pense.

Il vint s'asseoir à la place qui lui était réservée, et se versa une rasade; puis, sans parler, il parcourut des yeux tout le cercle des convives.

— Ah ! ah ! dit-il, notre petit champion de ce matin et son précepteur ! Morbleu !

c'est très bien d'être venu, monsieur, à notre invitation, quoique j'eusse beaucoup préféré que ce fût dans un autre moment. Allons! qu'avez-vous donc, vous autres, à être devenus silencieux comme des moines? Riez donc, chantez donc, criez donc comme vous faisiez tout à l'heure, où l'on vous entendait de la porte du château!

— Je crois, capitaine, dit Sainte-Malines, que nous ferions peut-être mieux de laisser là les pots et d'aller nous mettre en réflexion.

— Pourquoi? Tu es un peu curieux de savoir la suite des quelques mots que je t'ai glissés ce matin dans l'oreille? Hé! tu comprends cela?... Eh bien! oui, mon ami, la chose a bien pris. Les chasseurs n'ont qu'à aiguiser leur couteau : leur sanglier viendra de lui-même dans les filets.

— A quand la chasse? demanda Sainte-Malines avec insistance.

— Plus tôt que tu ne crois! Maintenant, messieurs, une question générale!

— Nous écoutons! nous écoutons! parlez, capitaine!

— Etes-vous prêts à exécuter tout ce que je pourrai avoir à vous ordonner pour le service du roi?

— Parbleu! s'écrièrent les ordinaires.

Saint-Gaudens prétendit encore raffiner sur ce dévoûment absolu.

— S'agit-il d'aller arracher la barbe, poil par poil, au grand soudan? Parle! tu n'as qu'à dire! j'y vais, cap de Diou!

— Hé bien, mes enfans, puisque vous avez tant de bonne volonté, gardez précieusement ce trésor! Avant que beaucoup d'heures soient passées, on verra ce que vous savez faire dans le genre brillant.

— Un moment, monsieur de Loignac! s'écria Louis en se soulevant sur son siége, je vous supplie de ne pas m'oublier; et s'il s'agit du service du roi et qu'il y ait quelque grande expédition à faire, comme je crois le comprendre, je vous adjure, par tout ce qui peut vous toucher davantage, de songer à moi et de me donner une occasion de me distinguer.

La sombre figure de Loignac s'éclaira d'un sourire ironique.

— Hé! mon jeune monsieur, dit le capitaine gascon, si vous saviez au juste ce que vous me demandez là, je crois que les cheveux vous dresseraient sur la tête.

— Pour le service du roi, capitaine, répliqua Louis avec feu, il n'est rien qui me semble difficile.

— Vous croyez, mon petit coq? Conservez-moi ces bons sentimens-là; mais, pour aujourd'hui, permettez-moi de croire, sans suspecter le moins du monde votre courage, qu'il est certaines besognes qni ne peuvent être affrontées que par des moustaches un peu plus rudes que les vôtres. Ainsi, par exemple, dites-moi, de grâce, combien vous avez tué d'hommes dans votre vie ?

Louis baissa la tête avec un sentiment d'humiliation profonde, et comprit qu'il n'en était pas à se pouvoir comparer à messieurs les ordinaires. Son ami Saint-Gaudens le vit rougir et vint à son secours.

— Allons, monsieur de La Mothe-Baranne, ne vous tourmentez pas des propos du capitaine. Ventrebleu! je vous suis garant qu'avant peu vous aurez tué votre homme, comme il convient à tout brave garçon qui pratique le métier des armes !

— Ce sont là des enfantillages, interrompit Loignac. Je vais vous dire en deux mots ce que j'ai à vous apprendre. Nous allons boire jusqu'à trois heures du matin. A cette heure-là, nous nous mettrons en route.

— Où allons-nous? dit Sériac.

— Cela n'importe point, répondit Loignac ; dans tous les cas, je puis te dire que nous n'allons pas loin. Maintenant une question : Quelles armes portez-vous sur vous ?

— Moi, vertudieu ! répartit Saint-Gaudens, je ne crois pas, depuis que j'ai eu cinq ans, être sorti de mon lit sans pendre à mon ceinturon mon épée à droite et ma dague à gauche, et de fières armes, par la sambleu !

Chacun témoigna, dans des termes plus ou moins semblables, qu'il était aussi bien armé.

— Tour à tour, reprit Loignac, vous allez me passer votre arsenal, pour que je l'examine.

Sainte-Malines, placé à la droite du capitaine, commença l'inspection. Pendant que Loignac regardait les armes avec un soin tout particulier, et qui allait même jusqu'à la minutie, Belavoir trouva le moment de se pencher à l'oreille de Louis :

— Monsieur, dit-il bien bas, je suis bien trompé, ou il s'agit de quelque entreprise fort ténébreuse. Voyez comme M. Briscambille rit dans sa barbe : il a l'air d'en comprendre plus long que nous; cependant je vous confesse que j'en devine assez pour être très marri de me trouver en ce lieu, et je voudrais pour tout au monde avoir la liberté de prendre la clé des champs.

— Je suis moins perspicace que toi, lui répondit Louis sur le même ton, et bien que fortement intrigué par ce que je vois se passer sous mes yeux, je ne devine pas du tout de quoi il peut être question.

— Voulez-vous que je vous le dise?

— Je ne demande pas mieux.

— Eh bien! il s'agit certainement d'aller mettre à mal quelque député aux Etats, quelque guisard enragé, quelque bourgeois têtu acharné à combattre les vues du roi et à ne pas donner à Sa Majesté l'argent qu'elle demande.

— Belavoir, mon ami, je crois que tu te trompes. On ne prendrait pas tant de façon pour daguer un bourgeois, que d'ailleurs on peut mettre en prison et faire pendre bellement. Il s'agit de quelque autre chose.

Dans ce moment, Loignac terminait son inspection et donnait à Herbelade, venu le dernier, quelques conseils supplémentaires.

— J'ai remarqué quelquefois, lui disait le capitaine, que tu as peine à frapper pleinement de la dague: tu ne te sers pas de ta dague comme tu sais faire de ton épée, et c'est un malheur, car la dague est une bonne arme, surtout dans une chambre. Empoigne-moi ton outil ainsi, mets le pouce là, et frappe de cette façon!... Comprends-tu?

— Oui, capitaine, répondit Herbelade.

— Monsieur de La Mothe-Baranne, et toi Briscambille, et toi mon brave précepteur, voulez-vous bien me laisser prendre une liberté avec vous? et ne m'en voudrez-vous point?

— Je suis votre serviteur, monsieur de Loignac, répartit Louis.

— Hé bien! comme nous sommes chargés cette nuit d'une commission, et qu'une indiscrétion, si légère fût-elle, pourrait tout faire manquer, promettez-moi de ne point quitter la *Pomme de Pin* avant sept heures du matin, au grand moins.

— Je le promets pour ma part, dit Louis.

— Moi, dit Briscambille, je vous promets tout aussi.

— Et moi, dit Belavoir, je ne quitte jamais monsieur le baron.

— Voilà qui est fort bien, répliqua Loignac; puis il se tourna vers les ordinaires :

— Allons, messieurs, à la santé du roi, et mettons-nous en route : il est deux heures et demie !

On but à la santé du roi, et l'on partit.

Quand la salle fut vide, Briscambille se penchant vers ses deux compagnons :

— Ou je ne suis qu'un sot, ou monsieur de Loignac va tout de ce pas mettre la France sens dessus dessous; mais ce ne sont point mes affaires. Continuons de boire.

XXI.

Ceci devient lugubre.

Comme on le peut croire aisément, la conversation entre Briscambille, Louis et Belavoir prit, après le départ de messieurs les ordinaires, une tournure singulièrement sombre. Briscambille ne cacha pas à ses amis que la situation des affaires permettait les plus sinistres suppositions.

— Et quand on pense qu'il y a si peu de temps encore, nous étions la cour la plus spirituelle, la plus gaie, la plus amusée et la plus amusante de l'univers ! J'étais le fou de la reine, mon bon monsieur le baron! oui, et tout le monde n'était pas moins fou que moi! Du matin au soir, dans ce beau Louvre où nous étions si heureux, ce n'étaient que rires et joies. Chaque jour, on inventait des parties de plaisir merveilleuses; tout le monde s'en mêlait, depuis le roi jusqu'au dernier marmiton! Oui, messieurs, tandis que Sa Majesté inventait des processions galantes, un de nos cuisiniers suisses dotait la France de ce ragoût que nous nommons justement de son nom *Fricandeau!* C'était là un beau temps, mais il est passé. Le roi n'est plus fou, les seigneurs de sa cour non plus, et moi, dont c'est le métier, et monsieur Sibilot, mon illustre maître, nous ne sommes pas plus fous que notre royal entourage.

— Enfin, pardonnez-moi si je vous parais trop curieux, dit le baron; mais tout ceci est si grave, que l'intérêt que j'y prends est au moins fort naturel : que supposez-vous? que craignez-vous?

— Ce que je suppose? ce que je crains? Tout, mon pauvre monsieur. Ainsi, par exemple, il n'y aurait rien d'étrange à ce que monsieur de Guise, abusant de l'état précaire où il a réduit Sa Majesté, ne voulût employer la violence pour la forcer à abdiquer la couronne.

— Quelle horreur! s'écria Louis.

— Et dans ce cas, poursuivit Briscambille, quoi de plus simple que le roi songe à se défendre? Mais savez-vous bien que nous n'avons ici que des troupes très insuffisantes, s'il est vrai, comme on est venu le raconter hier à madame Catherine, que de toutes parts, les régimens lorrains s'avancent pour nous envelopper? Que ferons-nous lorsque nous aurons ces messieurs-là sur les bras ? Et sans compter que les bavards des États-Généraux nous montrent peu de fidélité, et seraient hommes, je vous le dis comme je le pense, à se laisser violenter et à prononcer la déchéance du roi.

— A la place de Sa Majesté, dit étourdiment Louis en frappant sur la table, je n'hésiterais pas à en finir avec un sujet rebelle.

— Monsieur, s'écria Belavoir effrayé, gardez pour vous vos bonnes idées, elles pourraient vous porter malheur ! Je suis fort peu satisfait, en ce qui me regarde, de la soirée que nous venons de passer. Je n'aime pas toutes les lames qu'on nous a fait passer sous les yeux ; et c'est une méchante conversation que celle qui ne consiste qu'en dagues, couteaux, poignards, épées, pertuisanes, etc. Non, s'il m'est permis de le dire, je ne me suis pas amusé avec ces messieurs, et aussitôt qu'il sera sept heures du matin, et que votre parole sera dégagée, je pense que nous ferons très bien de regagner notre auberge et d'aller nous coucher sans plus parler de tout ce qui nous est advenu cette nuit.

— Si à sept heures du matin, répondit Briscambille en secouant la tête, nous nous trouvons avoir envie de dormir, je serai bien trompé. Je crois plutôt qu'il se sera passé des choses qui ne nous tiendront que trop éveillés, et Dieu sait ce qui arrivera et ce que nous deviendrons, les fous surtout, car l'étoile des fous n'est guère brillante quand il vente grand vent !

— Laissons Briscambille et nos héros se livrer à des réflexions à perte de vue, et rejoignons Loignac et sa bande.

En sortant de l'auberge, le capitaine des ordinaires avait commandé à ses compagnons d'observer le plus parfait silence. On lui avait obéi, bien qu'avec quelque difficulté ; car tous ces honorables gentilshommes étaient un peu échauffés par le vin, et Saint-Gaudens surtout jurait avec une ampleur et une rondeur dont à jeûn il n'aurait pas été capable, bien que fort expert en cette matière.

Le capitaine avait mené son escorte jusqu'à la porte du château ; là il s'était fait ouvrir promptement par le concierge, faquin véhémentement soupçonné d'être un peu guisard, mais dont la présence du capitaine Larchant, commandant les archers écossais, avait réveillé le zèle pour la bonne cause.

Nos Gascons n'étaient pas de grands raisonneurs et réfléchissaient peu ; cependant il leur fut impossible de ne pas remarquer que d'ordinaire les clefs étaient portées tous les soirs à M. de Guise, en sa qualité de grand-maître de France.

— Dites donc, Loignac, demanda Herbelade, comment se fait-il donc que le capitaine Larchant ait les clefs.

— On t'expliquera cela, mon garçon, répondit Loignac en lui frappant sur l'épaule.

En ce moment, Larchant entra dans la loge du portier, par où les ordinaires devaient passer pour s'introduire dans la cour : il était suivi de Du Guast avec quelques archers de l'hôtel, dont l'un portait une lanterne. Loignac attira Du Guast et Larchant dans un coin et se mit à causer avec eux. Ils parlèrent à voix basse pendant un gros quart-d'heure environ, et si les ordinaires avaient été d'autres hommes, ils auraient pris garde à l'air mystérieux de leur capitaine et des deux autres officiers.

Mais ils ne s'en occupèrent même pas : ils étaient gris. Ils s'étaient mis à taquiner le concierge.

— Mon bon père Gondard, disait Saint-Capautel, nous faisons ce soir une petite mine bien rechignée! Qu'avons-nous donc, mon vieux amour?

— Croyez-vous donc, monsieur, répondit le concierge, qu'il soit fort gai pour un homme de mon âge d'être sur pied à deux heures du matin? Et encore s'il n'en était que cela!

— Que veux-tu dire, coquin fieffé?

— Vous savez mieux que moi ce que je veux dire, répliqua Gondard. Plaise au ciel que tout soit dans l'ordre!

Les ordinaires allaient répondre au concierge, et peut-être l'entretien aurait-il fini par quelques gourmades, car ces messieurs en venaient aisément à ce genre de raisonnement ; mais Loignac les appela.

— Laissez Gondard en repos, dit-il. Demain matin, il sera plus content de nous que ce soir : on lui servira du saucisson de Lorraine tant qu'il en voudra, et même de la viande fraîche. Adieu, Du Guast! bonsoir, Larchant! Je vous recommande ce drôle-là!

N'ayez pas peur, capitaine, répondit Larchant : il ne bougera pas de sa loge pour aller faire le chien couchant auprès de notre grand cousin.

Loignac sortit et les ordinaires le suivirent. Il les mena dans sa chambre.

Arrivé là, il renvoya son laquais qui l'attendait, ferma toutes les portes, et ayant fait asseoir ses amis, il leur dit : Messieurs, j'ai quelque chose de très sérieux à vous communiquer.

— Nous vous écoutons, capitaine, répondit Sainte-Malines. Je sais déjà par vous quelque petit coin de ce qui se passe. Je ne doute pas que nos amis, qui sont des braves et de bons serviteurs du roi, ne se sentent comme le pauvre Sainte-Malines tout échauffés du désir de bien faire.

— Voilà parler en gentilhomme, répondit Loignac. Eh bien! mes enfans, sachez-le donc... le roi m'a fait venir tantôt. Sa Majesté m'a demandé un service : j'ai juré de le rendre; mais, qui plus est, je me suis engagé pour vous. J'ai pensé qu'étant votre capitaine, et vous connaissant comme je vous connais, il n'y avait rien là de compromettant pour moi, et que vous feriez ce que j'ai promis. Maintenant, c'est à vous de me dire si j'ai eu tort de vous engager.

— Pour mon compte, dit Sainte-Malines, je vous remercie, et j'irai tout droit au diable si le service du roi le commande.

Saint-Gaudens prit la parole :

— Il paraît, mort Dieu! que Sainte-Malines est au fait; moi, je ne le suis pas; mais sang-bœuf! ce qu'il peut faire, j'en suis bien capable aussi, et je tiens, capitaine, la parole que vous avez donnée pour moi, vertu Dieu! Maintenant, racontez-nous de quoi il s'agit.

— D'une misère, répondit Loignac. Vous savez si le guisard est insolent!

— La vilaine bête! dit Herbelade.

— Bon! reprit Loignac, il s'agit donc tout bonnement de le daguer un peu? Morte la bête, mort le venin.

Tout déterminés que fussent ces Gascons, un profond silence s'établit parmi eux; Montséry pâlit même, et Sériac fit entendre un hum! d'assez mauvais augure.

— Qu'est-ce qui recule? demanda Loignac. Je ne serais pas fâché de voir un des Quarante-Cinq pris du mal de peur : ce serait assez nouveau.

Cette fanfaronnade remit le cœur en état à ceux qui l'avaient senti manquer.

— Après tout, dit Herbelade, un duc de Guise, c'est fait comme un autre homme!

— Précisément, dit Loignac; sans compter que nous serons quelques-uns à lui sauter au collet. Je vous réponds qu'il n'insultera plus le roi quand il aura causé avec nous.

— Certes, je n'ai pas peur, dit La Bastide. Je voudrais bien qu'on le crût! Fût-ce vous, capitaine, je vous arracherais l'âme du ventre! Mais tous ces Lorrains vont nous courir après, en vrais limiers qu'ils sont, et nous serons déchirés comme des cerfs.

— Ouf! dit Loignac en regardant La Bastide en face. Que voilà une observation qui m'étonne de ta part! Tu aurais donc peur de toute la Lorraine réunie attachée à tes talons? Je ne l'aurais pas cru.

— Sois-je pendu s'il en est rien! répartit le Gascon un peu confus. Ce que je disais n'était que pour parler; mais avec toute la bravoure possible, il est bien permis d'avouer que c'est un coup d'épée hasardeux que vous nous demandez là.

— Peste! je le prends ainsi, dit Loignac. Penses-tu que s'il s'agissait d'une besogne vulgaire, je m'adresserais à vous? Le premier estaffier suffirait. Et croyez-vous encore que si le roi n'avait pas pour vous une affection qui le porte à vous choisir quand il s'agit de grandes choses, croyez-vous, dis-je, que Sa Majesté n'eût pas trouvé dans les archers de l'hôtel, ou dans la garde écossaise, des gaillards propres à jeter mons Guisard sur le carreau ? Enfin, en un mot comme en cent, à quoi vous résolvez-vous? Dépêchez! nous sommes pressés!

— Quant à moi, dit Sainte-Malines, je suis tout résolu : à pied comme à cheval, à l'épée, à la dague, à la lance, je suis le champion du roi : je m'en fais gloire.

— Gouffre de Satan! cria Saint-Gaudens en brandissant sa rapière, qu'il arrive, le Guisard, et je lui plante ce bijou justement dans l'œil!

Personne ne voulut reculer quand Saint-Gaudens et Sainte-Malines allaient ainsi de l'avant. Il n'y eut plus qu'à convenir des dispositions à prendre.

— Pour cela, dit Loignac, je dois vous dire ce que je sais. Mais les choses peuvent encore changer. Il est maintenant trois heures un quart. Vous allez me suivre, et je vous posterai dans la chambre du roi. Sa Majesté ne s'est pas couchée cette nuit, et se tient dans son grand cabinet. De l'autre côté est la salle du conseil. On doit se réunir à six heures, de sorte que nous avons encore deux heures et demie et plus devant nous. Allons trouver le roi! M'est avis qu'il doit m'attendre avec impatience.

Loignac ouvrit la porte : toute la bande se mit en marche. Il y avait là Chalabre, Halfrenas, Herbelade, Saint-Gaudens, Montséry, Saint-Capautel, Sainte-Malines, Sériac et La Bastide; en tout neuf, avec Loignac qui faisait dix.

Tous ces messieurs glissaient le long des couloirs comme des ombres; ils ne disaient mot, parce qu'il ne fallait pas parler; mais ils en étaient bien marris, car dans le fond ils se sentaient troublés, et auraient volontiers donné cours à des rodomontades pour se tenir le courage dans un état respectable. Enfin on arriva à la porte de la chambre du roi, et Loignac frappa un petit coup.

Aussitôt on ouvrit la porte; ce fut M. du Halde, écuyer; et les ordinaires entrèrent. Ils trouvèrent dans la chambre le roi, le maréchal d'Aumont, M. de Bellegarde, M. de Rambouillet, Alphonse d'Ornano, colonel des gardes, et Larchant, capitaine des Ecossais.

Henri III était sur son fauteuil, enfoncé, enveloppé dans son manteau, pâle comme un linge, seulement les pommettes de ses joues étaient animées d'un feu vif, et ses yeux étincelaient. Il parlait avec une vivacité fébrile, et ses gestes étaient secs et heurtés.

Quand il vit entrer Loignac et sa suite, il s'avança au-devant du renfort qui lui arrivait, et tendit la main au capitaine.

— Messieurs, dit le roi, je vous remercie; vous êtes des sujets bons et fidèles, et ce n'est pas chose commune aujourd'hui. Maréchal d'Aumont, regardez-moi un peu ces braves gens. Quels bons soldats! hein! Qu'en dites-vous? La fleur de la France! Ah! mes amis, sans vous, je suis un roi perdu et un homme mort! Allons, Rambouillet, Bellegarde, Alphonse, faites un peu fête à ces braves gens qui vont ce matin sauver la couronne!

Tous les seigneurs qui venaient d'être nommés, et le maréchal, allèrent serrer la main des ordinaires, et pendant un moment, ce ne furent dans la chambre que félicitations, récris, embrassades. Les Gascons ne se sentaient pas de joie, et ils eussent assassiné toute la chrétienté en ce moment où leur amour-propre était chatouillé au-delà de toute mesure.

Le roi était retombé dans son fauteuil et songeait creux.

— Sire, lui dit le maréchal, le temps s'avance; il serait à propos de prendre nos dernières dispositions de façon à ne plus nous en départir.

— Oui, mon ami, oui, mon ami, dit le roi en frissonnant.

Sa Majesté se leva. Son regard était devenu incertain; une sueur froide coulait sur son front et sur ses joues. Il mit les mains dans ses poches, cherchant son mouchoir, et au bout d'un instant, l'ayant trouvé, il s'essuya le visage, puis il se mit à rire.

— Allons, dit-il, mes enfans, nous serons bien heureux demain à pareille heure! Je veux que nous soupions ensemble la nuit prochaine, et que nous célébrions le verre à la main mon nouvel et glorieux avènement.

— Sire, dit Saint-Gaudens, que le grand diable, qui est à coup sûr le vrai patron du Lorrain, m'emporte chez lui si je ne vous défonce le corps de notre maître faquin à la première estocade.

Le roi répondit vivement :

— Ah ! mes amis, à propos, prenez bien garde où vous frapperez ! notre cousin de Guise a sans doute une cuirasse.

— C'est ce que j'allais dire ! s'écria Rambouillet.

— Il faudra frapper au visage, répartit Loignac.

— C'est cela, visons aux yeux, murmura Chalabre en regardant ses camarades. Un coup de dague dans l'œil, c'est un souverain remède contre le mal de tête.

Le roi retourna s'asseoir : il ne tenait pas sur ses jambes. Bien qu'il y eût dans la cheminée un feu énorme, et que la chambre contînt une atmosphère presque étouffante, Sa Majesté grelottait. Du Halde voulut lui envelopper les pieds dans un manteau, mais il refusa.

— Qu'est-ce cela, mon ami? dit-il à son écuyer. Ne comprends-tu pas que nous allons changer de vie? J'ai été dans ma jeunesse, messieurs, il faut que vous le sachiez, un bon et hardi compère; et je crois que dans les princes de ma maison, sans en excepter François Ier, il ne s'en est pas trouvé qui donnât plus volontiers que moi le coup de pointe. Mais depuis quelques années, ma mauvaise santé, et sans doute mes fautes, mes grands et nombreux péchés, m'ont fait tomber dans la mollesse où vous voyez que je suis. Je m'en tire maintenant, messieurs mes amis! Notre cousin de Guise, à force de profiter de notre faiblesse, nous en a montré les très grands inconvéniens; et quand nous aurons accompli le grand acte de justice que nous méditons, et que nous serons redevenu, comme c'est notre devoir, seul maître en ce royaume de France, vous verrez, messieurs, que le roi que vous aurez sera un tout autre roi que celui que vous avez eu.

— Voilà noblement parler, sire, dit le maréchal d'Aumont.

— Moi, dit Bellegarde, je vous trouvais parfait : que penserai-je donc de Votre Majesté à l'avenir?

— Ne perdons pas de temps en complimens, reprit le roi avec un sourire, et revenons à notre affaire. Vous savez, mes braves ordinaires, comment frapper notre lieutenant-général?

— Oui, sire; soyez tranquille.

— Maintenant, voici mes autres et dernières instructions. Ne sortez pas de cette chambre. En attendant le moment, amusez-vous comme vous pourrez, mais ne parlez pas. Je ne sais si vous avez assez de siéges...

— Oh! sire, il n'en est pas de besoin, dit Sainte-Malines.

— Si fait, mon ami : je ne veux pas que mes bons serviteurs soient fatigués au moment de l'action. Vous vous asseoirez sur ces coffres. Je dis donc qu'aussitôt que nous serons sortis de cette chambre, vous ne parlerez plus. Quand le duc viendra au conseil, je l'enverrai chercher comme pour lui parler. Je serai là, là, entendez-vous bien? dans mon cabinet. Vous me comprenez?

— Oui, sire, dirent les ordinaires.

— Il entrera dans cette chambre pour venir jusqu'à moi, et vous ferez votre besogne. Quand tout sera fini, je viendrai. C'est bien entendu?

— Oui, sire!

— Maintenant, adieu, mes enfans. Messieurs de Rambouillet et de Bellegarde, rentrez chez vous; soyez au conseil des premiers.

Maréchal, je vous en dis autant. Viens, du Halde... Vous m'avez bien compris, Loignac?

— Oui, sire, très bien : soyez sans inquiétude. Vous ne reverrez plus monsieur le Grand que prêt à être mis en terre.

— Allons, c'est bon.

Le roi se retira dans son cabinet, suivi de son écuyer. Par l'autre porte, celle de la chambre du conseil, sortirent les seigneurs.

Les ordinaires restèrent seuls, et, suivant la consigne qu'ils avaient reçue, ne prononcèrent plus une seule parole. L'horloge du château sonna les heures les unes après les autres, et aucun bruit ne se faisait entendre dans la chambre royale où se tenaient dix hommes qui, dans quelques momens, allaient changer toutes les destinées de la France. Deux ou trois fois la portière du cabinet se souleva, et le roi passa la tête pour écouter si personne n'était encore dans la salle du conseil. Avant de laisser retomber la tapisserie, il adressait un sourire à Loignac et à ses hommes.

Enfin six heures du matin sonnèrent, et les ordinaires entendirent que plusieurs personnes arrivaient pour la séance.

XXII.

Des coups d'épée et une grande joie.

Ainsi que je l'ai dit, six heures sonnèrent et quelques pas se firent entendre dans la salle du conseil. Les ordinaires ne purent s'empêcher de se regarder à la ronde. Loignac, craignant l'effet de ce regard, se mit à friser sa moustache d'un air délibéré, et ses camarades, le voyant, s'empressèrent de l'imiter avec un fier sourire, pour ne pas se rendre suspects de faiblesse.

Au bout d'un instant, un bruit de voix parvint jusqu'aux Gascons. Les conseillers arrivaient les uns après les autres. Puis la tapisserie du cabinet du roi se souleva : du Halde passa. En traversant la chambre, il mit un doigt sur sa bouche, et arrivant à la salle du conseil, il entr'ouvrit la porte et cria :

— Le roi demande M. de Révol!

M. de Révol entra dans la chambre. A la vue des ordinaires, ce secrétaire d'état fit un geste involontaire de surprise, et ses yeux se tournèrent vers du Halde comme pour lui demander le motif de cette nouveauté. Du Halde sourit et continua son chemin. M. de Révol entra avec lui dans le cabinet.

Cependant Loignac pensa que le moment approchait. Il fit un signe à ses hommes et il tira son épée, puis sa dague : tous en firent autant. Il se leva et vint se poser à côté de la porte du conseil. Du geste, il appela Halfrenas et La Bastide auprès de lui. A l'opposite, vinrent sur la pointe du pied se placer Sainte-Malines, Saint-Capautel et Sériac. Les cinq autres s'établirent le long des murailles, et de manière à ne pas être vus de la chambre du conseil toutes les fois qu'on aurait à ouvrir la porte. A peine ces dispositions dernières étaient-elles prises, que M. de Révol sortit du cabinet. Il était devenu tout blême et marchait très lentement. Bien que bon courtisan, il ne put s'empêcher de s'arrêter au milieu de la salle, et il eut besoin d'un geste impatient de Loignac pour se remettre en route. Il ouvrit la porte de la salle du conseil et la referma.

Aussitôt du Halde parut vivement à la portière du cabinet, dit à voix basse :

— Garde à vous !

Et disparut. Loignac brandit son épée; les ordinaires s'affermirent sur leurs jarrets et serrèrent leurs armes dans leurs poings. La porte de la salle du conseil s'ouvrit : le duc de Guise entra. Il marchait vite et d'un air fort troublé.

Il arriva ainsi jusqu'au milieu de la chambre. Alors il vit les ordinaires : il tressaillit. Loignac lui porta un coup d'épée.

Le duc était sans armes; il avait dans la main une boîte d'or destinée à contenir des confitures, et qu'on appelait un drageoir. Il se jeta sur Sériac, le plus proche de lui, et, sans dire un mot, l'en frappa si rudement au front, qu'il le fit chanceler, et en même temps, il chercha à lui arracher sa dague; mais au même moment, il reçut un vigoureux coup d'épée sur la face : ce coup venait de Sainte-Malines. Il recula à son tour, et tous les ordinaires, se précipitant snr lui, le frappèrent simultanément à la tête. Il eut beau repousser les épées avec ses mains, et frapper rudement plusieurs de ses agresseurs, il lui fallut reculer, et enfin, d'un dernier coup dans l'œil, il vint tomber par terre, tout étendu au pied du lit royal, dont ses mains convulsivement saisirent les rideaux, et cela sans avoir prononcé une parole. Il avait tout le visage mutilé, écrasé, couvert d'un sang pourpre qui ruisselait à foison sur le plancher.

Alors, pour la première fois depuis trois heures, Loignac ouvrit la bouche :

— Besogne faite ! dit-il.

Cependant Briscambille, Belavoir et le petit baron, lassés de tenir table, avaient fini par s'endormir sur leurs siéges, et ils se réveillèrent qu'il était déjà sept heures passées.

Briscambille fut le premier à se secouer.

— Il faut que je sois fou! s'écria-t-il en regardant ses compagnons, qui se tiraient les bras et bâillaient comme des forcenés; il faut que je sois fou pour dormir quand j'ai tant d'idées singulières dans la tête! Ou je ne suis qu'une bête, ou nous allons apprendre, à peine dehors, des choses nouvelles et peu récréantes.

— Bah! dit Belavoir, on ne peut pas deviner ainsi l'avenir. J'espère, pour moi, que tout ira mieux que vous ne le pensez. D'ailleurs, à vous dire la vérité, s'il y a quelque grabuge, cela ne peut pas nous nuire, à M. le baron ni à moi, qui sommes bientôt à bout de nos pièces.

— Si fait à moi, répondit Briscambille :

je suis homme de cour, et j'ai des intérêts demandant ménagemens.

A ces mots, il se leva, prit son manteau et gagna vitement la porte.

Le baron était fort curieux de savoir quelle avait pu être la besogne mystérieuse de MM. les ordinaires. Il dit donc à son gouverneur :

— Suivons celui-là, et allons tout savoir.

Pour premier aliment à leur curiosité, ils virent que tous les députés, qui du tiers, qui du clergé, qui de la noblesse, gagnaient en toute hâte le lieu de réunion des états, et qu'au milieu des rues de fortes patrouilles de l'armée royale passaient et repassaient.

Comme ils suivaient Briscambille, ils arrivèrent avec lui à la porte du château. Elle était fermée.

— Holà, Gondard! cria le fou de madame Catherine.

Gondard ne parut pas, mais bien la figure rébarbative d'un archer écossais qui cria :

— Passe ton chemin, mon brave homme, si tu ne veux donner à mon arquebuse occasion de t'envoyer quelque aumône dans les reins.

— Voilà un homme mal gracieux ! murmura Belavoir.

— Mais, mon ami, reprit Briscambille, tu ne me connais donc pas ? Je suis le fou de Sa Majesté la reine mère.

— Au diable! répartit le soldat : on n'a pas besoin de fou aujourd'hui au château. On n'y fait pas de folies, quoiqu'on rie de bon cœur.

— Qu'est-il donc arrivé? demanda l'entêté Briscambille.

— Je vais te le dire avec la crosse de mon arquebuse, si tu ne décampes pas, répliqua le soldat.

Il était à craindre que le fou, sérieusement inquiet, ne finît par se faire une mauvaise affaire, tant il avait à cœur de savoir ce qu'on ne voulait pas lui dire. Dans ce moment, pourtant, la porte s'ouvrit et laissa passage à M. de Richelieu, grand-prévôt de l'hôtel, qui, en harnais de guerre, casque en tête, monté sur son cheval de bataille et suivi des gardes de la prévôté, apparut aux yeux ravis de Briscambille.

— Ah! monseigneur, s'écria-t-il en le saluant, faites-moi donc rentrer dans le château, dont on ne veut pas m'ouvrir la porte. J'ai passé la nuit en débauche avec quelques amis, et il paraît qu'il s'est fait des choses extraordinaires.

— Tu peux le jurer, dit Richelieu en riant aux éclats: je crois que tu auras du plaisir à les apprendre. Entre, mon ami, avec tes deux acolytes, et tantôt tu me diras des nouvelles de ce qu'on va te raconter.

Sur l'ordre du grand-prévôt, qui continua sa route avec sa suite, Briscambille et ses deux amis passèrent; mais à peine avaient-ils fait vingt pas, qu'ils se trouvèrent en face du roi lui-même. Sa Majesté, suivie d'une grosse compagnie de noblesse, se rendait à l'église.

— Jour de Dieu! s'écria Briscambille, je ne l'ai jamais vu avoir si bon air que ce matin! Vous faut-il, grand prince, quelque baliverne pour vous épanouir le cœur davantage?

Le baron et Belavoir ne furent pas peu surpris de la familiarité avec laquelle leur compagnon s'adressait au roi, qui, à eux, leur semblait n'être pas moins qu'une apparition quasi-divine; mais leur surprise fut bien plus grande encore quand ils entendirent le souverain répondre avec enjouement :

— Il paraît, Briscambille, que tu ne sais pas ce qui arrive. Va-t-en là-haut, chez moi, trouver Sibilot : il te mettra au fait. Sont-ce de bons royaux que tu as là à ta suite?

— Royaux à trois poils, sire! et bons à tout!

— C'est bien, répliqua le monarque. Mène-les avec toi, et prenez part à la joie commune, mes enfans.

Et le cortége passa.

— Mais, pour Dieu! qu'y a-t-il donc? criait Briscambille. Holà ! que quelqu'un me mette au fait!

— Allons chez monsieur Sibilot, dit Belavoir d'une voix tremblante d'émotion.

Halfrenas se trouva tout-à-coup, avec Saint-Gaudens, en face du trio. Ce furent, de la part des arrivans, des cris de joie, des interrogations sans nombre. Les deux Gascons étaient ce jour-là d'une fatuité rayonnante; ils auraient été empereurs ou papes, qu'on ne les eût pas vus plus ravis.

— On va vous raconter l'affaire, mille millions de hallebardes! dit Saint-Gaudens.

Et aussitôt il débrida l'histoire de la nuit et celle de la matinée sans en rien omettre.

Encore une fois, il était, ainsi que son camarade, au septième ciel de la vanité gonflée.

— Vous voyez, mon cher baron, s'écriat-il, que nous avions grandement raison de vous dire hier au soir que la circonstance était un peu grave pour la jeunesse de votre épée!

— Quoi! s'écriait Louis avec une stupéfaction mélangée de quelque horreur, vous avez tué ce grand monsieur de Guise, qui depuis tant d'années gouvernait le royaume?

— Nous l'avons tué comme des bouchers tuent un veau, répondit Halfrenas avec un gros rire. Le compère est tombé à bas de toute sa longueur au coup que je lui ai porté sur l'oreille; et je vous réponds qu'il aurait suffi de cette estocade pour l'empêcher de faire plus jamais de son insolent avec le roi.

— Par les diables! dit Saint-Gaudens, il ne gouvernera plus grand'chose dans les marmites du père Satan, où il cuit à cette heure. Mais quoi, mon cher baron, vous restez là tout ébaubi! Fi donc! un bon Français comme vous! Mais je vois ce que c'est: vous avez peine à hausser votre esprit à un tel exploit! Et cependant, mon enfant, c'est bien vrai! il a suffi de quelques gentilshommes gascons pour mettre à fin une aventure devant laquelle les plus mutins ont bronché. Ce grand monsieur de Guise, comme vous venez de le dire, la terreur des huguenots, qui valent mieux que lui, et le roi des faquins, celui qui a envoyé en enfer tant de monde, en un tour de main et sur un simple signe du maître, nous en avons fini avec lui aussi aisément qu'un singe avec une noisette!

— J'imagine, messieurs, dit Belavoir, que vous allez tirer de là quelques beaux profits?

— D'abord, lui répondit Halfrenas, estimes-tu pour peu de chose la gloire immortelle dont viennent de se couvrir les Quarante-Cinq? Crois-tu que les siècles futurs puissent oublier ce que nous avons fait cette nuit?

— Peste! ils n'ont garde, répliqua Belavoir avec une grimace qui pouvait prêter à l'interprétation; mais la gloire, après tout, c'est viande assez creuse, et...

— Viande assez creuse pour un drôle de

ta sorte ! s'écria Saint-Gaudens en fronçant le sourcil ; mais des gentilshommes gascons mettent la renommée au-dessus de tout. Du reste, Sa Majesté nous a promis des merveilles, et certes nous ne sommes pas à plaindre. D'abord, notre capitaine Loignac va avoir le gouvernement de Provence, qui appartenait à ce scélérat de Guisard ; moi, ventrebleu ! j'aurai la compagnie des archers écossais de Larchant, qui va être fait colonel.

— Moi, dit Halfrenas en tordant sa moustache, je guigne une lieutenance du roi dans quelque bonne ville.

— Enfin, dit Belavoir, je vois, messieurs, que vous êtes les plus heureux des seigneurs de ce bas-monde. Je vous en fais mon sincère compliment, et j'y prends une vive part ; mais il me sera permis, sans doute, de faire une réflexion ?...

—Oui, dit Halfrenas, à la condition expresse qu'elle ne sera point impertinente, sinon, malgré toute mon estime pour le petit baron, je te fais sur l'heure jeter au cachot.

— Belavoir, dit Briscambille avec gravité, expliquez-vous, et surtout pas de sottises !

— Si vous me connaissiez mieux, dit maître Nicolas, vous sauriez que j'en suis incapable, et vous ne prendriez pas ainsi la mouche inutilement. Suis-je pas un des meilleurs serviteurs du roi? un dévoué admirateur de messieurs les ordinaires? Allons donc, monsieur de Briscambille! vous me faites tort inutilement. Je dis cette chose bien simple, que je voudrais que monsieur le baron, que vous voyez là planté, admirant ces deux grands héros que voici, de tout son cœur et de tous ses yeux, pût enfin trouver quelque emploi, moins brillant sans doute, mais pas mauvais. Si vous y mettiez les mains, ce serait chose bientôt faite, illustrissimes vainqueurs! Avec un pouvoir comme celui dont vous jouissez aujourd'hui, il me semble que vous pourriez changer la lune de place, pour peu que la lubie vous en passât.

— Par la corbleu! dit Saint-Gaudens, tu es un garçon qui ne manque pas de quelque esprit, et tu fais en parlant la plus singulière grimace du monde. Je ne nie pas que mes camarades et moi ne soyons plus puissans que bien des ducs et pairs, et ma foi, je ne refuse pas de faire quelques efforts en faveur de ce jeune homme fort gentil et qui manie si bien l'épée. Que diable pourrions-nous demander pour lui, Halfrenas?

— Nous verrons cela; mais pour le moment, il est temps que nous rejoignions le roi à la messe. Ce n'est pas un jour comme celui-ci que nous devons manquer de reconnaissance à nos patrons! Viens, Saint-Gaudens! Adieu, baron, on pensera à toi, mon cœur!

Les deux Ordinaires s'éloignèrent bras dessus bras dessous, en se balançant sur les hanches et se donnant les airs les plus impertinens du monde. Du reste, sur leur passage, tout le monde tirait le bonnet et quelques forts grands seigneurs vinrent leur toucher dans la main.

— Ma foi! s'écria Briscambille, je voudrais bien savoir ce que la reine Catherine pense de tout ceci.

— Et moi, dit Belavoir, je ne serais pas fâché de connaître l'avis de M. Sibilot.

— Pour moi, répliqua Louis, je me moque complètement de tout ce qu'on peut penser ou ne pas penser. Tout-à-l'heure, tu viens d'émettre, toi, Belavoir, une idée assez heureuse, et je m'y cramponne! Il faut que cette journée me mette en emploi à la cour, et corbleu!...

— Mon bon monsieur Briscambille, dit maître Nicolas d'un ton plaintif, j'ai une délicatesse naturelle qui me fait avoir en horreur les juremens, blasphèmes et malédictions; imaginez-vous donc de ce que je deviens, depuis hier, dans la compagnie intime de M. de Saint-Gaudens et dans celle de M. le baron qui a, hélas! trop de propension à l'énergie du discours!

— Je conçois, je conçois, dit Briscambille en riant, mais contentons-nous de nous laisser absorber par le côté utile de la situation. Je vais chez la reine Catherine et chez M. Sibilot.

— Laissez-moi vous suivre, s'écria Belavoir d'un air suppliant.

— Et moi, permettez-moi de rester dans ce préau, s'écria Louis, j'y vois mille choses qui m'intéressent. Quel bruit! quelle émotion! comme tous ces courtisans se trémoussent! Ah! voilà qu'on amène des prisonniers! j'y cours, il faut que je voie cela.

— Allons chez M. Sibilot, répéta Belavoir en s'accrochant au bras de Briscambille.

Le fou de madame Catherine leva les épaules en regardant Louis qui s'éloignait à grands pas, agité par la plus vive curiosité, puis passant familièrement son bras sous celui de Belavoir, il l'entraîna rapidement du côté de l'escalier du château.

Combien l'aspect des lieux était différent de ce qu'on les avait vus la veille! La veille, la royauté n'était rien. A peine quelques soldats, quelques serviteurs attristés se montraient aux fenêtres. Tout le tapage, toute la fierté, toute la bonne humeur étaient réservés aux amis de la Ligue et de la maison de Guise; ils étaient les maîtres de fait, et on lisait aisément dans leurs regards qu'avant peu ils s'attendaient bien à devenir les maîtres de droit. L'insolence était sur leur bouche et volontiers la rudesse dans leurs poings; on en a vu une preuve dans l'aventure qui avait failli coûter la vie à Louis de La Mothe-Baranne et à son compagnon, et qui avait fini par acquérir à ce jeune homme de précieuses amitiés. Les triomphes des guisards avaient toujours quelque chose de sombre. La gaîté n'était pas une vertu naturelle à ces Lorrains, mélancoliques comme tous les ambitieux, et les malheurs que l'avenir semblait réserver à la maison de Valois, avait complètement abattu l'humeur naturellement joviale et bruyante du royaume...

Avec la chute de M. de Guise, toute cette bonne humeur s'était relevée plus drue que jamais. Belavoir, en suivant Briscambille, n'entendait qu'éclats de rire et chansons légères, fort légères souvent. Il n'était pas encore au haut de l'escalier, que déjà il avait été salué, ainsi que son compagnon, par une foule de quolibets auxquels. Briscambille se mit à répondre avec la parfaite liberté d'esprit d'un homme qui se trouve dans sa *spécialité.*

— Ohé! mon brave fou, voici le métier qui va reprendre?

— Grâces au ciel! dit Briscambille; il a chômé assez long-temps!

— Est-ce là un nouveau confrère que tu nous amènes; es-tu de la confrérie, l'ami?

— Ce n'est pas la bonne volonté qui me manque, répondait maître Nicolas en se rengorgeant, et s'il ne tenait qu'à moi, je vous aurais déjà servi quelques petites drôleries qui en valent bien d'autres!

— Allons, à l'œuvre, mon brave!

— Sans patente, le marchand ne vend pas, messieurs; nous verrons plus tard. Ah! plaise au ciel que je puisse un jour me présenter à vous en habit vert et jaune, avec le grelot d'argent tintibulant tout autour de mon pourpoint.

— Vous ne m'aviez pas avoué cette ambition, Belavoir, s'écria Briscambille en se retournant.

— Ah! mon bon monsieur, elle vient de me venir. Mais pourquoi nous arrêter ici?

— Nous sommes à la porte de M. Sibilot.

XXIII.

L'histoire présente rentre dans la vie intime tout-à-fait, et reproduit les conversations d'un grand homme.

Il serait bien désirable que le lecteur, confident depuis si long-temps déjà des admirations de Belavoir pour M. Sibilot, n'eût pas pris de ce personnage illustre, sur la foi de notre enthousiaste ami, une trop haute et trop pompeuse opinion; car s'il en était ainsi, nous serions obligés de rabattre quelque peu de cette exaltation. Introduisons Briscambille et Belavoir dans la chambre de M. Sibilot, et voyons ce qu'ils virent, non par les yeux de maître Nicolas, mais par les nôtres.

M. Sibilot était assis dans un fauteuil. Il avait devant lui une petite marotte d'argent, une soucoupe contenant de l'émeri et un linge à la main. Il frottait, frottait de son mieux sa marotte et avec beaucoup d'action, tant et si bien, qu'à l'entrée des nouveaux amis, il tourna à peine la tête.

C'était un petit vieillard assez court sur jambes, voûté et haut en couleurs. Il avait un nez fin et sarcastique, mais le front très développé, développé même d'une manière tout-à-fait étrange : ses tempes étaient fort dégarnies, et on trouverait de nos jours, à une pareille physionomie, un air de génie tout-à-fait marqué. Le fait est que Sibilot était un homme d'imagination, fort adonné à différentes sortes de magie, telles que chiromancie, astrologie, nécromancie, et surtout il faisait beaucoup d'alchimie.

— Hé bien! dit-il à Briscambille, tout en continuant sa tâche et sans daigner rendre à Belavoir ses profonds saluts que par un simple signe de tête, vous voyez les suites de la grande affaire de cette nuit.

— Oui, répondit Briscambille, monsieur Le Grand est mort, et nous reprenons nos grelots. Il paraît donc que nous allons faire des merveilles.

— On l'assure. Mon ami Henriot s'imagine que, parce qu'il a tué deux Lorrains, il en a fini avec toute l'engeance; ce n'est pas mon métier de savoir s'il se trompe.

Mais quel est ce camarade que tu m'amènes et qui me regarde d'un air ébahi?

— C'est un brave homme qui a cultivé les sciences et qui, pour le moment, est dans la compagnie d'un gentilhomme de nos amis.

— Ah! tu as cultivé les sciences, dit Sibilot; les gaies, s'entend?

— Certes, répondit Belavoir en s'inclinant, je ne me soucierais guères de me donner pour médecin, avocat, historien, théologien ou autre, devant vous, M. Sibilot. Je suis un modeste disciple du grand art que vous avez pratiqué si bien et porté si haut. Sauteur je suis, et sauteur je veux être : je sens que cette vocation ne se perdra qu'avec ma vie : et si j'avais été jamais sur le point de l'oublier, la connaissance que j'ai eu le bonheur de faire du seigneur Briscambille et surtout votre grand exemple que j'ai sous les yeux, m'en auraient empêché.

— Il ne parle pas mal, le gaillard ! mais ne dit-on pas que tu fais partie de la suite d'un gentilhomme ? A ton costume, il me semble que tu n'exerces plus notre profession.

— C'est momentané, c'est momentané, s'écria maître Nicolas. Imaginez-vous, monsieur Sibilot, que j'adore mon cher baron ; il m'a tiré d'une passe affreuse, et j'ai eu quelque temps l'idée de lui consacrer toute mon estime, ainsi qu'à mademoiselle sa sœur, qui est la perle des jeunes filles ; mais d'un autre côté, je sens que ma vocation est tellement irrésistible, que bien que j'en aie, je suis forcé de retourner à mes grelots. Je vous assure, mon vénéré monsieur ! que c'est bien-là une véritable vocation, car je n'ai guère été heureux dans mon état. J'ai eu beau faire des tours de souplesse comme on n'en connaissait pas avant moi, j'ose le dire, j'ai eu beau inventer des choses merveilleuses, miraculeuses même, dont j'ai déjà eu l'occasion de faire la confidence au seigneur Briscambille, j'ai failli mille fois mourir de misère! Ah! monsieur, l'état social ne s'occupe pas assez des saltimbanques. Et c'est à ce sujet que j'aurai l'honneur, ces jours-ci, de vous présenter un Mémoire, afin que vous daigniez le mettre sous les yeux de Sa Majesté; vous voudrez bien en excuser l'orthographe, soyez sûr que le fond en sera plein de vues saines et droites. Eh! mon Dieu, on s'occupe de tant d'intérêts, m'a-t-on dit, dans le conseil de Sa Majesté : des ligueurs, des huguenots! ne pourrait-on trouver place à s'occuper aussi des saltimbanques? Monsieur, si vous pouviez me faire rentrer dans la profession d'une manière qui me convînt, à savoir qui m'assurât le manger et le couvert, vous verriez un homme se prosterner à vos pieds dans un transport d'amour et de reconnaissance.

Ce discours fut prononcé tout d'une haleine. M. Sibilot secoua vivement les grelots de sa marotte et s'écria : — En voilà assez ! Puis il regarda Briscambille.

— Il n'a pas l'air tant sot, lui dit-il.

Il fixa ses yeux sur maître Nicolas, qui, dans le transport de l'éloquence, du désir et de l'espoir, était resté en face de lui, à moitié incliné, un bras en l'air et la bouche ouverte.

— Montre-moi tes talens ! lui dit-il.

— Par où commencerons-nous ? s'écria Belavoir avec une assurance ferme quoique modeste.

— Je suppose, dit M. Sibilot, que tu sais la danse des œufs ?

— Sans me flatter, je vais, si vous voulez...

— Non ! autre chose !

— D'abord laissez-moi ôter mon habit.

Maître Nicolas se débarrassa de son pourpoint, retourna ses manches et se campa le poing sur le côté. Il était superbe à voir.

— Vous avalerai-je quelques sabres? J'ai confié à maître Briscambille que j'avais sur ce point important de notre art une nouvelle méthode. Marcherai-je sur les mains? c'est une niaiserie. Désirez-vous que je me mette en boule, ou voulez-vous me voir sauter par la fenêtre, avec postures comiques ou héroïques? Demandez!

— Peste! dit Sibilot en se grattant l'oreille; il paraît que tu as de la pratique, mon garçon.

L'orgueil de maître Nicolas se gonfla encore davantage.

— Écoutez, dit l'ex-baladin, tous ces exercices demandent un peu d'espace pour s'y livrer, et peut-être craignez-vous que je ne fasse trop de bruit? Si vous voulez, je vais vous faire une vingtaine de tours d'escamotage dont vous serez satisfait, j'en suis sûr, et ensuite si vous consentez à me faire donner une viole ou une mandoline, je vous chanterai tout ce qu'il est possible de chanter au monde.

Sibilot essuya une larme qui lui coulait sur la joue.

— Mon cher fils, dit-il à Nicolas, je me fais vieux, je sens que dans quelques mois je serai tout-à-fait hors d'état de continuer ma carrière; je ne puis mieux payer les bienfaits du roi qu'en te donnant à lui. Peut-être ne sais-tu pas bien tout ce que tu prétends savoir; mais il suffit que tu en aies une teinture pour être encore un bouffon fort agréable. C'est surtout cette variété infinie de talens qui me séduit en toi. Ah! mon ami, la race des grands fous de cour disparaît. N'est-il pas vrai, Briscambille?

— Il n'est que trop vrai, répondit celui-ci en secouant la tête. Autrefois les talens les plus divers étaient pratiqués dans leur perfection par un seul homme; mais aujourd'hui celui qui escamote n'avale plus de sabre; celui qui chante ne marche plus sur la tête! les hommes forts s'en vont, et, quand vous ne serez plus, maître, je ne sais vraiment ce que deviendra l'univers.

— Ah! dit Sibilot douloureusement, si j'avais gardé le fils de ma jeunesse! si ce gage de l'amour tendre de ma Jacqueline m'était resté, mais je l'ai perdu, cet enfant. Perdu, il y a bien des années!

— Vous avez perdu un fils, il y a bien des années? demanda Belavoir avec componction. Ah! monsieur, que cette nouvelle m'afflige. Votre chagrin me perce l'âme. Il paraît, du reste, qu'il est très-commun de perdre son fils; car, à ma connaissance, vous êtes la troisième personne qui soyez tombée dans ce malheur depuis un mois.

— Je te dis, répondit Sibilot, qu'il y a bien des années, il y a vingt-quatre ans juste !

— Ah ! mon Dieu ! s'écria Belavoir en devenant tout pâle, moi qui ai vingt-quatre ans, et qui ne connais ni père ni mère !

L'œil du vieux fou s'éclaira d'un rayon vif, mais bientôt la pensée qui avait allumé cet éclair de joie disparut, la réflexion vint tout éteindre.

— Non, mon ami, dit-il à maître Nicolas, tu ne peux avoir aucun rapport avec ce pauvre enfant que j'ai malheureusement vu disparaître. Ah ! imprudente jeunesse ! Ah ! père inconsidéré ! Excuse-moi, mon cher Briscambille, mais après tant d'années écoulées, je ne puis penser encore sans verser des larmes à ce triste fruit de mes jeunes amours que j'ai oublié, mais complètement oublié pendant six ans dans une grange, et que je n'y ai plus retrouvé quand je suis venu pour le prendre.

— Quoi! s'écria Nicolas, vous avez oublié votre fils pendant six ans dans une grange?

— Quoi! dit Briscambille, dans une grange pendant six ans. Le fait est à peine croyable!

— Il n'est cependant que trop certain. Quand je revins chercher ce malheureux enfant, que j'adorais, oui, messieurs, que j'idolâtrais, on me dit qu'il avait été emmené par des charretiers!

— Par des charretiers! hurla Nicolas en se jetant sur un tabouret. Continuez, monsieur Sibilot, continuez. Ce récit me rend tout palpitant de crainte, de désir, d'espérance! Ah! messieurs, moi qui ai toujours si fort désiré de me trouver un père, si j'allais m'en découvrir un tel que vous, illustre monsieur Sibilot! Cette pensée me bouleverse de bonheur! Vous dites donc que l'enfant oublié par vous pendant six ans dans une grange, et que vous adoriez, en était parti avec des charretiers? Le pauvre innocent! Mais j'ai une aventure toute semblable, monsieur, moi aussi j'ai vécu avec des charretiers.

— Plusieurs jeunes enfans ont fait de même, interrompit le prudent Briscambille, qui pour cela ne pourraient réclamer la qualité de fils de M. Sibilot.

— Le croyez-vous? dit d'un air insinuant l'entêté Belavoir.

— J'en suis sûr, répondit Briscambille.

— Et, d'ailleurs, il y a un moyen bien simple de nous en éclaircir, répondit Sibilot. Quel souvenir avez-vous des années qui ont précédé votre rencontre avec les charretiers? Quelle était, suivant vous, la position sociale de monsieur votre père et de madame votre mère? A quelles conversations se livraient-ils en votre présence?

— Un moment! s'écria Belavoir; puisque vous m'avez oublié pendant six ans, il est fort difficile que j'aie conservé de l'état des choses, au moment même de ma naissance, un souvenir aussi précis que vous l'exigez. Mais vous, de votre côté, n'auriez-vous pas poursuivi vos recherches plus loin?

— Si fait, répliqua Sibilot, et vous avez grandement raison de me le rappeler; peut-être ce que je vais vous dire contribuera-t-il à vous démontrer que vos espérances sont vaines. J'ai suivi les traces de mon fils, et je les ai rattrapées.

— Ah! s'écria Belavoir respirant à peine; continuez!

— Eh bien! les charretiers m'ont dit

que mon coquin d'enfant s'était enfui......

Belavoir essuya la sueur qui lui coulait sur le front.

— C'était moi! murmura-t-il; je me suis enfui de chez mes charretiers; c'était moi, vous dis-je.

— Voilà de bizarres coïncidences, fit observer Briscambille. Monsieur Sibilot, je vois que l'émotion vous gagne. Remettez-vous; on ne fait rien de bien avec trop d'émotion. Monsieur Belavoir, remettez-vous de même; asseyez-vous dans ce fauteuil et ne regardez pas ainsi M. Sibilot. S'il allait se trouver, comme je le crains, qu'il ne soit pas votre père, vous en seriez fâché après.

— Enfin, dit Belavoir, je puis vous dire quelque chose, moi.

— Et quoi? demanda Sibilot.

— Je puis vous apprendre où était la demeure des charretiers.

— Ouf! si vous faites cela, c'est une grande preuve, parlez donc!

— A une lieue de Lagny!

— Ah! mon Dieu! ah! mon Dieu! c'est bien cela! Briscambille, je sens que le cœur me manque!

— Un moment, messieurs, je vous en supplie, ne vous hâtez pas! C'est bien grave d'être le père et d'être le fils de quelqu'un; il ne faut pas se trop presser de serrer de pareils liens, lorsque le devoir n'est pas là. Quoi! vous allez prendre pour une preuve concluante une simple coïncidence? Allez, messieurs, soyez plus prudens!

— Tout cela est bel et bon, hurla Belavoir, mais quand on trouve un père tel que M. Sibilot, on s'y cramponne et on ne le lâche pas. Je ne sais point ce que je ferais, ni ce que je dirais, s'il s'agissait d'un tout autre homme; mais pour celui-ci, je suis son fils, ventrebleu! comme dirait monsieur le baron, et il faudra le diable pour que je m'en dédise. Permettez-moi d'ouvrir une fenêtre, car j'étouffe! Bon! je disais donc que mes charretiers demeuraient à une lieue de Lagny et j'ajoute que je me suis sauvé parce qu'il me battait, et je joins à cela que... ma foi! c'est là une grande preuve; si elle est fausse, je renonce à tout, car il ne peut pas s'en voir de plus forte?

— Quelle peut bien être cette preuve? demanda Sibilot avec émotion.

— Probablement, dit Briscambille, le grand moyen employé dans tant de comédies pour amener la reconnaissance du héros ou de l'héroïne, au cinquième acte. Un signe naturel empreint sur la peau, ou quelque bijou précieux, ou quelque lange brodé magnifiquement: devinè-je juste, mon cher Belavoir?

— Parfaitement juste. J'ai ici, sur la poitrine, au beau milieu, un signe brun, gros un pois; item, j'en ai un autre tout pareil sur l'épaule gauche; item une lentille rouge derrière l'oreille: item une tache un peu orangée au genou droit. Si, avec tous ces signes-là, on ne me reconnaît pas, je ne sais pas qui pourra jamais être reconnu de sa vie, s'il perd son père!

— Je vous avoue, répondit Sibilot, que je m'embrouille dans ces pois, ces lentilles et ces taches; comme j'ai eu le malheur de perdre mon fils dès sa naissance, je n'ai pas pris garde à la manière dont il pouvait être tigré et c'est ce qui me prive d'un grand bonheur en ce moment. Vraiment! les parens ne sauraient prendre trop de soins de se bien mettre au fait de toutes les marques de reconnaissance semées par la sagesse divine sur les membres de leurs enfans: ils peuvent s'épargner bien des chagrins en prenant cette peine fort légère. Mon pauvre maître Belavoir, il m'est tout-à-fait impossible de reconnaître que vous soyez mon fils, d'après les raisons que vous m'en donnez. Ah! croyez-le bien, cette réserve que je m'impose, me coûte plus que je ne peux dire! Je suis bien malheureux, bien à plaindre de ne pouvoir vous serrer sur mon cœur, en vous disant : Viens, mon fils! Mais vous comprenez, sans que j'insiste davantage, combien il est délicat de se livrer trop en pareille matière! Je voudrais, pour vos talens, pour le charme que je trouve dans votre physionomie, que vous m'appartinssiez par les liens sacrés de la paternité ; mais du moment que ce n'est pas prouvé en fait, pardonnez mon hésitation.

— Eh bien! non! s'écria Belavoir avec frénésie et en frappant du pied; eh bien!

non! il ne sera pas dit que j'aurai été à deux doigts de me procurer un père et que je n'aurai pas pu réussir. Je n'ai jamais ressenti nul besoin d'avoir un père, Dieu le sait! j'ai eu bien d'autres besoins un peu plus pressans! mais puisqu'il s'agit maintenant d'être fils de M. Sibilot ou de ne pas l'être, je me débattrai de mon mieux. — Voyons, je suis couvert de signes et vous n'en reconnaissez pas un? n'en parlons plus, c'est bon! votre fils et moi nous avons été emmenés par des charretiers, et ces charretiers, les mêmes demeurent à une lieue de Lagny; de là, je conclus l'identité, à moins que messieurs ces charretiers n'eussent le monopole des enfans perdus, ce qui n'est pas croyable, ce qui est ridicule!

— J'en conviens, dit Sibilot, il y a là quelque chose de très-fort en faveur du lien qui, suivant vous, doit nous unir; mais ce n'est pas concluant; qu'en dis-tu, Briscambille?

— Évidemment, ce n'est pas concluant, répondit le fou de Madame Catherine.

— Allez, nous allons trouver quelque chose de plus décisif en cherchant bien. Quoi! j'aurai inutilement entrevu le bonheur sans l'obtenir? Quoi! j'aurai été oublié dès ma naissance, et on ne se souviendra plus de mes taches, lentilles et pois? Quoi! j'aurai été enlevé par des charretiers, et cela ne suffira pas? Quoi! je me serai enfui pour échapper à leurs taloches trop fréquentes; j'aurai reçu une éducation excellente de saltimbanque; j'aurai posé une couronne sur le front d'un gouverneur; je serai tombé sur ledit gouverneur et je me serai cassé une jambe, et tout cela pour...

— Arrête! arrête! s'écria le vieux Sibilot en se levant tout hors de lui, en voilà assez, je comprends tout, je vois tout! C'est toi qui t'es cassé une jambe en te laissant tomber sur le gouverneur? C'est toi? C'est bien toi?

— Oui, certes, c'est moi; et qui serait-ce donc?

— Ah! mon fils! viens dans mes bras, viens dans mes bras paternels, mon cher fils!

Belavoir s'y précipita d'un bond, et Sibilot et maître Nicolas mêlèrent leurs larmes d'attendrissement d'une manière tout-à-fait touchante. Briscambille n'était pas ému, mais fort étonné; il regardait le père et le fils avec une grande stupéfaction, et tout en murmurant :

— Grand Dieu! que d'événemens extraordinaires! Voilà M. de Guise qui meurt et M. Sibilot qui renaît dans un autre lui-même.

Après quelques momens donnés à une

émotion bien naturelle, Belavoir dit à son père :

— Et ma mère, ne pourrai-je me jeter à ses pieds?

— Hélas! mon fils, dit Sibilot en pleurant, j'ai laissé égarer ma femme comme j'avais perdu mon fils.

XXIV.

Le grand homme continue ses confidences et s'attendrit. Embrassemens pathétiques.

Bien que Briscambille fût habitué de longue main aux singularités de la nature humaine (et qui mieux que les courtisans peut savoir combien les étrangetés sont chose commune?), il ne put s'empêcher toutefois de faire un mouvement qui prouvait sa surprise.

— Voilà, en vérité, s'écria-t-il, de bien étranges circonstances, et moi qui vous connais et vous honore depuis tant d'années, je ne me doutais en aucune façon qu'il vous fût arrivé de perdre successivement votre fils et votre femme, l'un dans une grange, l'autre je ne sais pas encore où. J'espère que vous ne m'accuserez pas d'une banale curiosité, si je me montre aussi désireux que je le suis, d'entendre le récit d'aventures sans doute extraordinaires.

— Au cas où la prière de M. Briscambille ne serait pas suffisamment puissante, s'écria Belavoir, songez, ô vous que j'ose à peine appeler mon père, que je tiens, en fils respectueux, à savoir la destinée de ma mère. Parlez! oh! parlez!

— Je ne me fais pas prier, mon fils et

mon ami, comme vous semblez le croire, répondit M. Sibilot avec un sourire. Si jusqu'à présent je n'ai fait aucune confidence à Briscambille sur la perte de ma femme, c'est que, je l'avoue, j'étais un peu honteux d'avoir ainsi perdu de vue deux êtres qui m'étaient également chers; mais puisque ce qui se passe aujourd'hui vient me forcer à rompre le silence, je ne résisterai pas à la nécessité et j'ouvrirai la bouche pour vous mettre au fait et très-rapidement, soyez tranquilles, de cette partie de l'histoire de ma vie. Je serai bref.

— Je ne le souhaite pas, dit Belavoir; connaître mon père depuis A jusqu'à Z, est le premier, le plus impérieux de mes désirs.

— Si, je serai bref; le temps n'est pas à nous, mon fils! N'oubliez pas, pour vos intérêts privés, que le roi réclame les services de votre père, et qu'il se passe ici de grands événemens supérieurs à vos affaires. Je vous dirai donc tout simplement...

— Un mot! s'écria Belavoir; de qui êtes-vous fils, mon père?

— Je suis fils d'un échevin de Carpentras; mais passons, ma naissance ne me donne pas d'orgueil...

— Si fait à moi, dit maître Nicolas; quand on a été vingt-cinq ans sans père ni mère, il est bien doux de se réveiller fils du fou du roi et petit-fils d'un échevin de Carpentras.

— Cela peut être, mais laisse-moi continuer. Comment je devins fou du roi Henri II, puis de son altesse le duc d'Anjou, aujourd'hui roi de France et de Pologne, c'est ce qu'il est inutile que tu saches; d'ailleurs, tout cela est arrivé tranquillement, froidement, et par suite d'événemens fort ordinaires. Je te dirai seulement que ma grande faveur a commencé subitement. Je me suis élancé d'un bond à la renommée, car j'avais un tel talent pour me moquer, pour me gausser, pour contrefaire et pour railler, que je n'ai jamais manqué, quand je l'ai voulu, de faire rire Sa Majesté aux larmes. Voilà comment je suis devenu son favori.

— Grand homme! marmotta Belavoir. Cette exclamation admirative avait évidemment pour objet son père, et non son roi.

Sibilot continua d'un ton de voix léger et attendri :

— J'étais jeune, mes amis, j'étais bien fait de ma personne, entreprenant, abondant en discours séduisans et aimables; j'avais la faveur de mon roi ; je voulus plaire et je plus. Je plus à beaucoup de femmes, je l'avoue, et leurs hommages vinrent souvent m'importuner jusqu'à l'ombre du trône, où je me réfugiais. Comme vous pouvez le penser, je ne fus pas toujours insensible.

— Le moyen de le demeurer constamment? demanda Briscambille.

— Sans doute; ce moyen-là, je ne le trouvai pas. Cependant mon cœur ne fut pas banal, et jamais flamme ne brûla dans mon âme, pareille à celle que surent allumer les yeux de Jacqueline Portœuf.

— Aïe! dit Briscambille.

— Ouf! s'écria Belavoir, ma mère! nous y voici. De qui était-elle fille, ma mère?

— Elle était fille de maître Jean Portœuf, marchand charron à Paris, près de la porte Saint-Innocent, et nièce de maître Guillaume Gorgebut, drapier à Melun.

— Quoi! s'écria Nicolas avec effroi, maître Guillaume serait mon grand-oncle! et moi qui lui ai pris... Ah! mon Dieu! quel abîme! quel gouffre! Continuez, mon père, je ne vous interromps plus.

— Après quelques jours de poursuite, je demandai Jacqueline en mariage. Mais il est bon de te dire que maître Portœuf était un vieux bourgeois entêté, détestant les gens de cour, et qui, ayant entendu parler de moi comme d'un bouffon agréable, m'avait en horreur rien que sur ma réputation. Je fus donc contraint de me présenter à lui sous un faux nom, et ce fut en qualité de bourgeois aisé que j'épousai ma tendre amante.

Un an après; au moment où elle allait me rendre père, le scélérat de Portœuf découvrit qui j'étais; à une fête publique où la cour parut en pompe à l'Hôtel-de-Ville, l'imbécille vint, suivant l'usage si niais de ces cuistres de bourgeois, fourrer son nez où il n'avait que faire, et sous le prétexte de satisfaire sa sotte curiosité, il me découvrit sous les habits de mon emploi et me reconnut. Sa fureur n'eut pas de bornes. Il vint à la maison de ma femme et lui fit une scène, la plus odieuse du monde.

Le lendemain, ignorant cette malencontreuse découverte, j'arrivais avec confiance à la demeure de ma Jacqueline, croyant passer quelques heures charmantes à mon foyer, auprès de ma tendre épouse, et oublier ainsi le fracas des cours et les lambris dorés, lorsque ma femme se jeta dans mes bras en sanglotant, et me dit ces propres paroles qui ne sont jamais sorties de ma mémoire :

— Cher Bouillasse (c'était le nom bourgeois que j'avais cru devoir choisir), tu t'appelles Sibilot et tu es fou du Roi ; mon père est furieux, il va venir d'un instant à l'autre, sauve-toi, sauve-moi, sauve le fruit innocent de nos amours que je porte dans mon sein !

Ma femme avait perdu la tête ; j'adorais ma femme, je perdis la tête comme elle. Je la pris par dessous les bras, je courus chez un voiturier voisin et je lui louai une carriole. Puis montant dedans avec ma Jacqueline, fouette cocher ! Je partis grand train, allant je ne sais où ; mais je n'avais pas fait cent pas que je rencontre mon tigre de beau-père ; en m'apercevant il pousse un cri, la foule s'ameute. Je casse mon fouet sur le dos de ma bête ; elle prend le mords aux dents et je franchis à temps les barrières.

Jacqueline pleurait comme une Magdelaine repentante. Ta pauvre mère, mon fils, fondait en larmes avec une abondance et une impétuosité dont l'imagination ne saurait se faire une idée. Plus je la voyais gémir, plus je voyais ses larmes, plus je perdais la tête. Elle me jurait que son père était très-certainement à nos trousses ; je n'en doutais pas, je connaissais cet enragé. — Surtout, pensais-je en moi-même, s'il a déjà fait sa ronde quotidienne chez le tavernier, il doit être comme un lion.

A force d'aller, la nuit arriva et la fatigue aussi. Une circonstance bien tragique ne contribua pas peu à augmenter notre embarras. Ta mère fut saisie dans la carriole par les douleurs de l'enfantement. Nous atteignîmes une grange isolée avec grand'peine. Enfin, comme la nuit était close, je crus pouvoir m'arrêter à une maison de paysans placée là sur la route. Ces gens nous prodiguèrent les plus mauvais procédés. A peine voulurent-ils, pour un écu d'or, nous laisser établir dans une grange à foin, voisine de leur chaumière. Enfin, à force de supplications, je réussis à les toucher et ils consentirent.

Deux heures à peine s'étaient écoulées, que nous entendons du bruit sur la route. Vous veniez de naître, mon fils, et j'avais déposé vos membres délicats sur de la paille fraîche. Je regarde à la lucarne de la grange, et quelle est ma terreur, que deviens-je lorsque je reconnais votre grand-père lui-même, portant au côté son grand sabre et ayant un énorme pistolet à la main !

Je l'avoue, je manquai de sang-froid. Je prends votre mère dans mes bras et je l'emporte dans la carriole. Une fois dans ce dernier refuge, je lance de vigoureux coups de fouet au cheval, et nous voilà partis. Je fais six lieues sans m'arrêter. Là, notre cheval tombe, hélas ! pour ne plus se relever. S'il était question d'un homme, je vous dirais que la fatigue avait disposé son âme à faire le grand voyage de l'éternité.

Heureusement qu'un bourg n'était pas loin. J'y cours, j'achète en hâte un cheval, et je porte Jacqueline à demi-mourante dans une maison pour qu'elle pût y prendre quelque repos. Mais moi, je reviens à l'instant sur la route, je mets le cheval nouveau à la voiture et je prépare tout pour une fuite prompte, désireux d'aller ensuite m'asseoir quelques instans auprès de ma femme, et d'y savourer un repos aussi long que le pouvait permettre la prudence. Hélas! cent fois hélas! en détournant la tête, j'aperçus à l'horizon un cavalier qui descendait la côte avec la rapidité de l'ouragan. Malgré la distance, je le reconnus à son grand sabre qu'il brandissait.

Je l'avoue encore une fois, je manquai de réflexion. Emporté par l'instinct de la vie, je ne fis qu'un saut et je me trouvai dans la voiture. Je dispersai sur le dos de mon quadrupède les débris de mon fouet, et la bête partit comme le vent.

Laissez-moi verser quelques larmes à ce souvenir affreux.

Sibilot versa quelques larmes; puis il reprit, pendant que Belavoir et Briscambille essuyaient leurs yeux :

— Jamais je ne me trouvai dans un danger comparable. Votre grand-père était évidemment soutenu dans ses fureurs par les vapeurs du vin. Ce n'était plus un homme, c'était un diable! Son cheval ne galopait pas, il volait. Je vis que j'allais être atteint. Comment me tirer de là?

— Ce récit m'intéresse au dernier point! s'écria Belavoir.

— Et moi donc! dit Briscambille.

— J'étais dans un bois, poursuivit Sibilot. Je me précipitai en bas de la carriole, et j'allai me jeter dans le fourré : je m'égratignai les pieds, les mains, le visage, tout le corps ; mais enfin je passai. J'avais perdu mon fils, j'avais perdu ma femme. Je jugeai qu'il ne me restait rien de mieux à faire que de revenir à Paris. Là, usant de mon crédit, je fis redemander ma femme par la justice. J'appris alors qu'elle n'avait pas reparue, que mon affreux beau-père était revenu seul. Je voulus au moins revoir mon fils. J'indiquai l'endroit où on devait le trouver. On chercha dans le foin, dans la paille, on renversa le grenier de fond en comble : mon fils avait disparu. Sans femme, sans fils, seul sur la terre, je m'abandonnai à de terribles projets de vengeance. Usant toujours de plus en plus de mon crédit, je fis saisir mon beau-père, je fis emprisonner mon beau-père, je fis pendre mon beau-père !

Belavoir laissa échapper un mouvement d'épouvante; Briscambille leva les yeux au ciel.

— Famille des Atrides! s'écria-t-il.

— Pendant dix ans, je n'eus d'autres nouvelles de la famille de ma femme que celles de Guillaume Gorgebut. Ce bourgeois s'était montré fort bien pour moi dans toutes ces tristes affaires. Il avait encore fait preuve de bons sentimens. Ne pouvant me rendre ma femme et mon fils; il me soutint du moins contre son beau-frère et eut pour moi toutes sortes de bons procédés! Quand ledit beau-frère eut été pendu, il en hérita et m'en sut gré. Bref, c'est un honnête homme.

— O Providence! murmura Belavoir. Continuez, mon père.

— Enfin, au bout de dix ans, qui le croirait? Je reçus une lettre, devinez de qui?...

— De votre fils? demanda Briscambille.

— Ma foi, presque, répondit M. Sibilot, car c'était de ma femme.

— De ma mère? s'écria Belavoir; quelle félicité! Je désespérais déjà de pouvoir jamais me précipiter à ses pieds! Il paraît que le sort est moins cruel que je ne le craignais et veut se montrer généreux pour moi.

— Malheureux enfant! dit M. Sibilot en poussant un profond soupir, ne te hâte pas de te réjouir; ta mère, ta pauvre mère, elle m'écrivit, mais je ne l'ai jamais revue! Elle m'écrivit, te dis-je, pour m'annoncer que des aventures diverses lui étaient arrivées depuis que je l'avais abandonnée (bien contre mon gré!) dans l'auberge; elle eut la cruauté de me faire des reproches amers et bien peu mérités, vous le savez, vous, mes amis? Et enfin elle me disait qu'elle avait cru pouvoir se considérer comme dégagée de toute obligation envers moi, et que partant elle avait contracté d'autres nœuds. Que son attachement pour son nouvel époux qui l'avait rendue mère de deux filles, la forçait à ne jamais me revoir, et elle ajouta que ce devoir lui était facile, et qu'elle ne m'aurait jamais donné signe de vie, si l'intérêt du fils, qui était le mien comme le sien, ne venait la contraindre à s'adresser à moi. Là, elle me racontait que par un hasard, elle avait eu connaissance d'un enfant de sauteur qui était tombé sur la tête d'un gouverneur, et qui s'était démis une jambe ; à la description de l'enfant, aux aventures qu'on lui en raconta, elle avait reconnu son fils ; et elle m'engageait (elle n'eut pas scrupule d'ajouter : si votre faiblesse de cœur vous le permet !) à secourir cette malheureuse créature.

Qu'elle me connaissait mal! Bref, passons sur ces injustices de votre mère. Différentes affaires que j'avais à la cour m'empêchèrent, pendant six mois, de songer à toi, ô mon fils! mais enfin, étant un jour de loisir, je commençai mes recherches. Fort bien dirigées, ces démarches n'aboutirent à rien, car tu avais quitté la troupe des saltimbanques par une escapade de jeunesse lorsque je parvins à la trouver. Alors j'abandonnai tout espoir et je me renfermai dans ma douleur muette. Long-temps néanmoins, je dois l'avouer, le tracas des affaires, les distractions d'une existence mêlée aux grands intérêts, adoucirent ma douleur, et ma santé prospéra. Mais lorsque la vieillesse me fit sentir ses approches, lorsque désabusé des grandeurs et de la gloire, ayant reconnu, hélas! tout le vide des amitiés mondaines, revenu de bien des illusions, je regardai au fond de ma vie et que je me vis seul sur la terre, sans un fils pour profiter de mon expérience, pour écouter mes sages conseils, pour recueillir un jour mon héritage, ah! Belavoir, ah! Briscambille, je vous l'avoue, je sentis que j'étais bien malheureux, et je pleurai sur la perte des trésors que je croyais ne devoir retrouver jamais.

Ici M. Sibilot mit sa tête dans ses mains et sanglota pendant quelques minutes avec force. Belavoir se jeta à ses pieds et le vieillard pressa la tête rousse de son fils sur sa poitrine. Briscambille profondément attendri, trouva inconvenante la position commode qu'il n'avait cessé jusque là d'occuper sur une chaise et tomba aussi sur les genoux. Cette scène était déchirante!

M. Sibilot retrouva pourtant la parole, et dans une sorte de délire joyeux, il s'écria :

— Ah! mes amis, laissez-moi reprendre

à la vie, au bonheur! Que mes dernières années vont être belles! entre l'amitié et la piété filiale, sera-t-il un plus beau sort que le mien!

— Non, non, répondit Belavoir, n'ayez pas peur, mon illustre père! vous aurez un fils digne de vous, un fils qui s'efforcera de marcher sur vos traces, qui ne se flatte pas sans doute de jamais vous égaler, mais enfin qui ne vous fera pas déshonneur, croyez-le bien.

Ces mutuelles tendresses auraient duré long-temps encore, si un grand bruit dans les couloirs et le son des trompettes qui retentit dans la cour n'avait annoncé quelque chose de nouveau. M. Sibilot et Briscambille se levèrent.

— Allons, dit le fou du Roi, voici qu'on va servir le dîner de Sa Majesté; Sa Majesté est en joie et m'a fait ordonner, pour la première fois depuis bien des semaines, de paraître! Il faut y aller! tu m'y suivras, Belavoir!

— Quoi, s'écria maître Nicolas, intimidé, paraître devant le Roi, moi!

— Oui, mon ami, ta naissance te rend digne de cet honneur!

— Permettez-moi une simple observation, interrompit Briscambille, pensez-vous qu'il soit convenable que maître Nicolas, tout votre fils qu'il est, paraisse devant son souverain dans ce costume négligé?

— Vous avez raison, Briscambille, je n'y songeais pas, mais, Dieu merci, nous ne manquons pas ici d'habits divers et même magnifiques.

Monsieur Sibilot donna un coup de sifflet, et aussitôt parurent deux laquais qui, sur l'ordre de leur maître, s'empressèrent d'ouvrir une grande armoire, et d'en tirer plusieurs ajustemens. En un tour de main, maître Nicolas Belavoir fut habillé, et se mirant dans la grande glace de Venise qui ornait l'appartement, il ne put retenir un cri d'admiration.

On lui avait mis des bas de soie jaune, des souliers de maroquin vert, un haut-de-chausse jaune, un pourpoint de velours vert, et il avait un manteau jaune; de riches broderies d'or et d'argent rehaussaient cette parure, une vaste fraise la complétait, et une toque de satin vert et jaune y donnait la dernière grâce. M. Sibilot remit lui-même entre les mains de son fils une marotte d'ébène ornée de grelots et d'une tête de fou en argent, et le considérant avec complaisance :

— Allons, viens, mon ami, lui dit-il; ton Roi ne te verra pas sans plaisir.

— Allez, dit Briscambille, moi, je retourne auprès de ma souveraine; Madame Catherine a peut-être besoin de mes services; à ce soir! je viendrai prendre les instructions de M. Sibilot.

Belavoir ne se sentait pas de joie. Il était complètement étourdi par l'émotion; quand il entra dans la salle du festin royal, il le fut encore plus par le bruit, et si bien qu'il n'entendit pas un cri de surprise poussé par une des sentinelles qui gardaient la porte à l'intérieur. Mais, s'il n'entendit pas, il sentit très-bien un coup de pertuisane appliqué dans ses jambes, et il releva la tête pour regarder au visage l'audacieux soldat qui osait traiter ainsi un fou royal par survivance.

XXV.

Louis ressent aussi que la destinée n'est pas sa marâtre.

Maître Belavoir, ayant reçu son coup de pertuisane dans les jambes, regarda celui qui le lui avait donné, et dans le soldat en faction, il reconnut, avec une surprise démesurée, M. le baron Louis de La Mothe-

Baranne. Il jeta un cri d'étonnement. Un instant il fut même sur le point de n'en pas croire ses yeux; mais, sous le hoqueton des gardes de l'Ordonnance, c'était bien le jeune gentilhomme auquel il portait tant d'affection. Sous ce casque empanaché, c'était bien son cher Louis!

Volontiers, il lui eût adressé la parole, mais son père Sibilot le tenait par la main, le traînait, pour ainsi dire, et comme le vieillard avait encore le poignet très-solide, Belavoir fut bien obligé de le suivre, et il arriva ainsi derrière le fauteuil royal.

Ici, il fut distrait par mille causes intéressantes qui vinrent l'arracher à ses pensées affectueuses,

Le Roi avait le meilleur visage. Sa Majesté souriait à chacun, et assise à table, mangeait et buvait avec un plaisir évident. Pour les officiers qui servaient, la bonne humeur royale daignait se manifester par des mots gracieux. Derrière le Roi se tenait Loignac, le favori du jour, et, à quelque distance, MM. les Ordinaires, parmi lesquels plusieurs, comme on sait, étaient bien connus de maître Belavoir; à côté de Loignac; il y avait un grand nombre de seigneurs, tous fort puissans, mais dont la figure discrète et le sourire incolore ne laissaient pas deviner les sentimens, surtout à un courtisan aussi nouveau et aussi préoccupé que l'était Belavoir.

— Ah! voilà Sibilot, s'écria un de ces messieurs. Ce brave fou n'est pas guisard, et il vient demander sa part de la joie commune; mais où a-t-il été prendre la recrue qu'il nous amène?

Le Roi se retourna vivement.

— Bonjour, Sibilot, mon ami! je suis aise de te voir. Tu sais que M. Le Grand est mort?

— Oui, sire, d'un coup de sang, dit le

bouffon. Je vous amène en sa place un fils à moi, qui est d'humeur bien agréable.

— Un fils à toi? dit Henri III. Est-ce une folie nouvelle que tu as faite?

— Non, mon petit Henriot, elle date de vingt-quatre ans, et comme elle a eu le temps de se mûrir, j'espère qu'elle sera de ton goût.

— Je vois ce que c'est, mon compère; tu profites de mon bon moment pour m'imposer une rente nouvelle; et tu as, ma foi! raison. Je suis riche, et tous mes amis s'en apercevront, je l'espère. Tu ris, Bellegarde?

— Oh! le grand Roi! s'écria le seigneur auquel cette apostrophe avait été adressée et qui était un des plus galamment peignés, coiffés et habillés de la bande. Quel bonheur que la liberté lui soit rendue! Je ne demande rien pour moi que la félicité de mon maître et je suis content.

— M. de Bellegarde est un homme rare, dit Loignac ; mais, cap de Diou ! je suis aise de tenir la promesse du gouvernement de Provence, car de désintéressement en désintéressement, il aurait fini par l'avoir à ma place.

— C'est comme la position de feu M. de Guise, dit Sibilot, je vais me hâter de la prendre pour que personne ne puisse l'usurper et faire marcher mon pauvre Henriot.

Le propos était trop insolent pour qu'on en pût rire, aussi s'efforça-t-on de faire beaucoup de bruit autour du Roi, qui, d'ailleurs, était distrait et causait avec M. de Chateauvieux, M. d'O et le seigneur d'Entragues.

Au bout d'un instant, Sibilot interrompit brusquement la conversation royale, et passant son bras au-dessus de la tête d'Henri III, il prit sans façon deux oranges dans un plat, en donna une à son fils, se mit à éplucher l'autre, et tandis qu'il se livrait à cette occupation :

— Mon pauvre Henriot, dit-il, si Ta Majesté avait la bonté de suivre deux idées à la fois, cela me ferait grand plaisir. Tu as eu un bon mouvement tout-à-l'heure à mon sujet; mais tu t'es arrêté. Je ne te demande pas la Provence, comme M. de Loignac ou mon bon ami Bellegarde; je me contenterai d'avoir la survivance de ma propre charge pour mon fils Belavoir. Donne-moi une bonne promesse et encore sera-ce tout au plus que je me verrai assuré de l'avenir.

— Sois tranquille, Sibilot, dit le Roi, je t'accorde ta demande. Maintenant laisse-moi en repos. J'espère toutefois que ton fils est tout autre chose qu'un séditieux? Je ne veux plus de ces gens-là autour de moi.

— Je puis répondre de lui corps pour

corps à Votre Majesté, interrompit cavalièrement Saint-Gaudens; ventrebleu! Sire, c'est un gaillard qui mangerait tous les Lorrains, tant il les déteste; il a failli hier matin en jeter plusieurs sur le carreau.

— Mon brave fou, dit Henri III en riant, puisqu'il en est ainsi, tu iras trouver le trésorier de mon épargne et il t'inscrira pour une centaine d'écus d'or à recevoir quand il y aura autre chose dans mes coffres que le diable. Maintenant, messieurs, passons, s'il vous plaît, chez madame ma mère.

— Henri, cria Sibilot, voici monsieur de Rambouillet qui me siffle à l'oreille qu'il voudrait bien te parler.

— Ah! Rambouillet! dit le Roi en se retournant avec vivacité. Venez ici que je vous entretienne, mon ami; avez-vous fait ce dont nous étions convenus?

Henri III prit son conseiller sous le bras

et sortit avec lui de la salle en parlant à voix basse, suivi à distance de tous les courtisans dont plusieurs en passant donnèrent lieu à la verve de Sibilot de s'exercer, quoique le vieux bouffon raillât tout ce monde avec beaucoup plus de retenue qu'il ne faisait le Roi.

— Ne suivons-nous pas, mon père? lui dit Belavoir.

— Pourquoi suivrions-nous? répondit M. Sibilot fièrement. Sache que toi et moi, dans ce palais, sommes les seuls véritablement libres; maintenant que tu fais partie de la maison, tu peux aller, venir, courir, dormir, sortir à ton gré. Personne n'a le droit de te dire un mot, et toi tu as celui de crier sur les toits tout ce qui te passe par la tête.

— Il me semble que vous en usez beaucoup envers Sa Majesté, dit Belavoir, auquel les impertinences de M. Sibilot avaient paru un peu fortes.

— On peut tout se permettre avec lui, répondit le fou ; c'est même là un moyen de réussite. Mais je te conseille d'être plus modéré avec les gentilshommes de la maison ; ménage surtout (ajouta tout bas le vieillard), ménage M. de Rambouillet, M. de Bellegarde et M. d'O, qui sont mes amis particuliers ; n'en dis jamais que du bien, même sous une forme épigrammatique. Maintenant, vas à tes affaires, si tu en as. Il n'est pas bienséant que deux fous causent trop long-temps ensemble : on devinerait qu'ils peuvent être sérieux quelquefois, ce qui leur ferait tort. Nous nous retrouverons à souper.

M. Sibilot tourna les talons à son fils, qui n'eut rien de plus pressé que de courir à la porte où il avait vu Louis en faction.

Arrivé là, il trouva un autre visage.

— Monsieur, demanda-t-il au gentilhomme, pourriez-vous m'enseigner où est M. de La Mothe-Baranne que j'ai vu en faction à votre place.

— S'il n'est plus ici, c'est apparemment que son tour est fini et qu'il est au corps-de-garde; il faut avoir la cervelle que tu as par profession, pour n'avoir pas deviné cela.

— Monsieur le garde, répondit Belavoir, je suis un fou, c'est vrai, mais vous êtes un sot, retenez bien cela, et si vous voulez, je vous l'inscrirai sur le visage avec cette marotte; hoho!

Le garde n'eut pas envie de pousser plus loin la discussion avec un homme qui approchait le roi quand il voulait, et il tourna sur ses talons. Quant à Belavoir, il descendit au corps-de-garde.

Là, au coin d'une table et causant avec

La Bastide et Herbelade, il trouva son cher baron qui lui sauta au cou.

— Hé mon Dieu! monsieur le baron, s'écria maître Nicolas, que nous est-il arrivé à tous les deux depuis trois heures que nous nous sommes quittés là dans le préau, vous, pour vous promener, moi, pour payer ma dette d'admiration à un grand homme?

— Je te vois dans un somptueux équipage, dit Louis en regardant l'habit de perroquet de son gouverneur, et moi, tu me retrouves avec le hausse-col et l'armet en tête.

— C'est nous, dit Herbelade en riant, qui avons fait la métamorphose du petit baron.

— Oui, poursuivit La Mothe-Baranne; en ce jour, on n'a rien à refuser à Messieurs les Ordinaires.

— Je le crois aisément, s'écria Belavoir.

— Eh bien! ils ont daigné aller prier le colonel Larchant de me recevoir dans sa compagnie écossaise : la chose s'est faite en un tour de main ; et tu me vois sur le grand chemin des honneurs militaires.

— Petit ami, dit La Bastide, tu deviendras maréchal de France, comme nous tous! Seulement tu nous suivras d'un peu loin, cordieu! mais puisque tu as retrouvé ton camarade, nous vous laissons ensemble et nous allons un peu voir ce que le capitaine Loignac doit avoir à nous apprendre. Il ne se peut pas que nous attendions bien longtemps encore les récompenses que je me flatte, pour ma part, d'avoir méritées.

A ces mots, les deux Ordinaires se levèrent, et ayant serré la main à Louis et à Belavoir, s'éloignèrent avec cet air satisfait d'eux-mêmes qui faisaient leur trait distinctif.....

Aussitôt qu'ils furent loin, Belavoir se rapprocha du jeune homme, et, prenant le ton de la confidence, commença l'entretien.

— Ah! monsieur le baron, lui dit-il, que d'événemens depuis que je ne vous ai vu! que d'heureux événemens!

Maître Nicolas mit le gentilhomme au fait. Celui-ci ne revenait pas de sa surprise et de sa joie.

— Vous sentez bien, lui disait le fou en survivance, que tout le crédit de M. Sibilot, mon père, est désormais à votre disposition, et il doit être bien grand, ce crédit, si j'en juge d'après les façons qu'ose prendre l'auteur vénéré de mes jours avec Sa Majesté.

— Le hasard est singulier, dit Louis, qui me met en rapport avec trois bouffons, et me place à la cour sous la sauvegarde de ces étranges protecteurs. Mais, puisqu'il en est ainsi, pourquoi ne m'en applaudirais-je pas? J'ai, jusqu'à présent, trouvé en toi un ami fidèle et résolu, un brave cœur, et je compte sur ton affection pleinement et sans réserve. Quant à Briscambille, j'ai également eu occasion d'apprécier ce qu'il vaut, et je le crois honnête homme.

— Je le crois honnête homme également, répondit Belavoir; mais j'ai fortement dans l'idée que son crédit n'est pas en hausse. Voilà sa maîtresse, madame Catherine, qui prend décidément le chemin d'un monde meilleur, et cette résolution, très involontaire chez la reine, prépare au fou, je crois, des loisirs trop étendus dans ce bas univers.

— Il n'importe, reprit Louis, Briscambille est un honnête garçon. Ce que j'admire le plus dans ton histoire, c'est que tu te trouves être le cousin de ce maître Guillaume Gorgebut que nous avons, l'un et l'autre, tant de motifs d'avoir en fort petite amitié.

— Vous sentez bien, monsieur le baron, que la parenté ne fera rien à ma rancune; tout au contraire! Je me permettrai de détester mon bourreau un peu davantage, et lorsque je le retrouverai, j'en serai mieux placé pour lui faire comprendre mes sentimens. Homme sans humanité!

— C'est un faquin, dit Louis, et j'espère que nous en débarrasserons la terre; au lieu de faire pendre le maître charron, ton brave fou de père aurait bien dû songer à Gorgebut. Mais cet oubli sera réparé, je le jure; il faut à toute force que j'épouse ma chère Barbette, sans quoi j'en mourrais de chagrin, et tant que le vieux bourgeois vivra, la chose me paraît au moins fort difficile.

— Votre mariage, monsieur le baron, n'est pas ce qui m'inquiète le plus, dit Belavoir avec gravité; vous avez le temps d'attendre; et je vous assure que cette épreuve ne vous nuira pas. D'ailleurs, peut-être aurez-vous aussi le temps d'oublier Barbette, ce qui ne serait pas pire, car les attachemens pareils ne me semblent guères de nature à être heureux.

— Quel blasphême tu oses prononcer! s'écria Louis impérieusement. Moi, oublier Barbette! jusqu'à mon dernier soupir, je l'aimerai! J'y songe le jour, j'y rêve la nuit. Je n'ai d'autre désir que de la voir. Toute ambition le cède à la violence avec laquelle je brûle d'être uni à elle. Ah! Belavoir, tu ne sais pas ce que c'est que l'amour, si tu oses douter de l'éternité de mon affection pour Barbette.

— Aimez donc cette belle femme, qui est ma cousine, je vous le fais remarquer en passant; aimez-la, puisque vous ne pouvez vous en empêcher, et nous verrons ce qui adviendra de cette passion que, moi, je tiens pour malavisée ; mais je ne suis pas parvenu à mon âge, bien que cet âge soit encore fort tendre, sans avoir remarqué en maintes occasions que l'entêtement des mules, tout proverbial qu'il est, n'approche en rien de celui des amoureux, et ne mérite pas de lui être comparé. D'ailleurs, ce n'est pas ce point-là qui est le plus fâcheux dans nos affaires. Je voudrais bien n'avoir pas sur la conscience l'histoire lamentable de mon petit cousin !

— Pauvre Barbette! dit Louis avec un soupir, comme elle doit être à plaindre d'avoir perdu son fils ! Elle me disait que cette chère créature pourrait seule la consoler de mon absence.

— Voyons, ne me forcez pas de pleurer, s'écria Belavoir, j'ai tout autre chose à faire. Je suis désespéré, vous disais-je, d'avoir vendu mon petit cousin, et surtout pour un prix que je n'ai pas touché; mais le pire, c'est que je ne puis demander conseil à personne. On ne peut raisonnablement s'en aller avouer au premier venu que l'on tient boutique d'enfans volés!

— A propos de tes embarras, reprit Louis d'un air distrait, sais-tu qu'il m'arrive quelque chose qui n'est pas commun?

— Je le crois aisément; vous et moi, monsieur le baron, nous ne sommes pas, ce me semble, réservés aux aventures ordinaires.

— Je veux dire, continua Louis, que je ne sais trop si je ne serai pas obligé d'en venir à me fâcher avec quelques-uns de mes camarades.

— Jamais! monsieur le baron, jamais! Évitez de folles rencontres avec des hommes que vous devez aimer. Méditez toujours ce sage avis d'un ancien qui conseille aux gens de guerre de réserver leur courage pour l'employer contre les ennemis de la France.

— Voilà qui est bel et bon, s'écria Louis, mais je ne peux cependant pas supporter qu'on me berne.

— On veut vous berner? Il ne faut pas vous y soumettre, bien certainement; mais mais il y a une façon de résister qui ne compromet pas votre gravité.

— Certainement, le premier qui recommence à se moquer en me regardant, je lui sangle un soufflet dont il gardera le souvenir! Entre nous, je crains bien d'avoir un parent de par le monde qui n'est pas moins coquin que ton cousin Gorgebut. A en croire les propos qui m'ont bourdonné aux oreilles, le drôle se serait rendu peu recommandable. Du moins, je dois en juger ainsi, car on ne prononce pas mon nom sans faire la grimace, et il n'a fallu rien moins que l'intervention d'Herbelade et de La Bastide pour m'empêcher tout à l'heure de clouer aux murs avec ma pertuisane un de mes nouveaux camarades qui semblait commenter mon nom d'une manière peu polie.

— Cela ne m'étonne pas, répondit Belavoir; depuis les quelques jours que nous avons passés chez le seigneur votre oncle, je n'ai pas douté que ce vénérable vieillard n'eût un fils qui lui a donné bien du tintoin. Peut-être ce fils est-il mort, peut-être est-il vivant. Dans tous les cas, il faut qu'il ait commis quelque action noire, car on n'ose le nommer qu'à peine. Je crois cependant savoir que, mort ou vivant, son nom est François.

— Te voilà bien savant, dit le baron avec surprise, et comment se fait-il que jusqu'à ce moment, tu ne m'aies pas dit un seul mot de tout cela.

— C'est qu'il était fort inutile de vous en ennuyer. Quand M. de La Bastide vous a demandé hier à table si vous aviez des parens, j'ai été sur le point de répondre pour vous, mais vous vous êtes tant pressé! Enfin, vous le savez aujourd'hui; il est certain qu'un fort mauvais drôle existe dans votre famille.

— C'est un malheur très-grand! mais qu'a-t-il fait, ce misérable François dont tu me parles? Est-il vraiment coupable de quelqu'atrocité noire? Ne peut-on pas le défendre? Ne dois-je pas embrasser sa cause?

— Gardez-vous bien jamais de mettre flamberge au vent n'importe pour qui! On a trop de soi à défendre en ce bas monde! Le vieux sommelier de votre oncle qui m'a laissé entrevoir quelques détails, en me faisant jurer de garder un secret inviolable; ne m'en a pas confié plus que je ne vous en raconte, et encore l'a-t-il noyé dans une abondance incalculable de signes de croix. Mais à quoi bon vous occuper de tout ceci? Pourquoi chercher à vous donner de la peine quand vous devriez, comme moi, être tout ravi de la nouvelle phase dans laquelle entre notre fortune?

— Fatale ambition! s'écria Louis; et Barbette? n'en suis-je pas séparé plus que jamais?

— Ah! bah! Barbette!

— Et l'enfant? l'avons-nous retrouvé? Oublies-tu nos sermens?

— Cela me donne à réfléchir, en effet.

— Et l'étranger vêtu de noir, l'avons-nous châtié comme il le mérite!

— Vous me mettez la mort dans l'âme!

A ce moment où la conversation prenait,

comme on voit, une tournure assez mélancolique, un officier entra dans le corps-de-garde et s'écria :

— Allons, que quelqu'un se lève et fasse escorte au seigneur de Rambouillet !

Comme Louis était le plus près de la porte, cet officier lui fit signe de la main; et le jeune baron prenant sa pertuisane, prit congé à la hâte de son ami pour se rendre là où l'appelait son devoir militaire.

XXVI.

Premier pas dans le Service du Roi.

Il trouva au bas du perron deux chevaux. L'officier lui dit :

— Vous ne quitterez pas M. de Rambouillet. La mission qu'il va remplir est de grande importance, et si, par hasard, M. de

Rambouillet vous donne des ordres, vous lui obéirez avec la dernière ponctualité.

La Mothe-Baranne salua en signe qu'il comprenait parfaitement son devoir, et l'officier le laissa là. Le jeune homme se mit en selle aussitôt et attendit.

Contrairement à l'usage, il n'eut pas à faire une longue faction. A peine quelques secondes s'étaient-elles écoulées, qu'il vit paraître un gentilhomme d'un âge déjà mûr, mais plein d'activité, et qui, marchant fort vite, eut descendu les degrés en un clin-d'œil.

— Holà! archer! s'écria ce seigneur.

— Vous êtes M. de Rambouillet? demanda Louis.

— Précisément. En route et faisons bonne diligence, s'il se peut.

— Il ne tiendra qu'à vous, monsieur. Les deux chevaux m'ont l'air d'être excellens, et si notre route n'est pas très-longue, nous pouvons les pousser sans crainte.

M. de Rambouillet se mit en selle sans attendre, et une fois accommodé convenablement sur son cheval et enveloppé dans son manteau, il partit grand train, suivi de Louis qui, pour sa première expédition, se tenait droit sur sa selle, comme un piquet, et ne perdait pas de vue le seigneur qu'on lui avait dit d'escorter. Il ne savait pas où il allait, il ne savait pas non plus quelle mission remplissait son guide; mais comme il n'ignorait pas que ce dernier était un homme de grande importance, il ne faisait aucun doute d'être employé pour sa part, en ce moment, à quelque chose de fort considérable. Cette idée remplissait son cœur d'or-

gueil et d'allégresse, et il galopait à la suite
avec une ardeur sans exemple, jetant un
regard de pitié sur tous les passans qui n'a-
vaient pas comme lui l'honneur et le bonheur insignes d'escorter un gentilhomme de
haut parage, allant traiter d'une affaire in-
connue.

Les deux cavaliers marchèrent ainsi sans
se parler et à distance respectueuse, tant
qu'ils furent dans la ville ou dans les fau-
bourgs; mais à quelque distance des dernières maisons, M. de Rambouillet fit signe au
jeune archer de se mettre à côté de lui, et,
flatté outre mesure d'une telle marque de
condescendance, Louis s'empressa d'obéir.

Nicolas d'Angennes, sieur de Rambouillet,
dont le nom a été tant illustré depuis par
une femme élégante et par un bel hôtel,
était un homme d'un esprit trop fin et trop

aiguisé pour ne pas désirer savoir au juste
à quel compagnon il s'était accolé, et ce
qu'il pouvait en attendre à l'occasion. Il n'é-
tait donc nullement fâché de causer avec ce
garde, et il ne craignait pas de compromettre sa dignité.

De tous les hommes qui entouraient Henri
III, Rambouillet était avec Bellegarde le
plus spirituel peut-être, et il y avait mérite,
car à la cour des Valois, les gens distingués
en toutes façons n'ont jamais manqué. Outre
qu'il était fort instruit, il avait une tournure
d'imagination si preste, si bien disposée
aux combats de l'esprit, qu'on le regardait
avec raison comme un négociateur de première force, et si le Roi avait suivi plus généralement ses conseils, on tenait pour certain que beaucoup d'échecs fort malheureux
ne lui seraient point arrivés. M. de Ram-

bouillet était un prophète mal écouté auquel on recourait dans les momens d'embarras.

— Archer, dit-il à Louis en souriant, je ne me souviens pas de vous avoir encore jamais vu. Il n'y a pas long-temps que vous faites partie de la garde écossaise?

— Depuis ce matin seulement, monseigneur, mais cela n'empêche pas que je ne puisse vous servir tout comme un autre.

— Je n'en doute pas. Vous avez bon air et une tenue de gentilhomme qui doit vous assurer du succès auprès des dames. Mais êtes-vous, par un hasard qui serait fort heureux, aussi discret que vous êtes avenant?

— J'espère l'être davantage, monseigneur, et votre courtoisie me tend un piége.

— Point, répondit Rambouillet, mais vous êtes jeune, et la discrétion est la plus rare de toutes les vertus chez vos pareils, bien que souvent elle leur vienne plus tard. Commencez d'abord par me dire votre nom, votre histoire, ce sera un moyen de faire bien vite connaissance.

— Pour mon nom, monseigneur, je m'appelle Louis de La Mothe-Baranne; mais quant à mon histoire, c'est une autre affaire et je crois qu'ici véritablement vous voulez m'éprouver. N'aurais-je pas bien mauvaise grâce à venir vous dire que je sais me taire si je commençais par vous débiter tout ce qui me touche? Oh! monseigneur, vous cherchez à me faire trébucher et à me rendre indigne de vos bonnes grâces.

— Vraiment, répliqua Rambouillet en riant, je n'ai que ce que je mérite, et vous êtes, mon petit soldat, madré comme un courtisan. Je vous assure que je vous questionnais sans arrière-pensée; mais puisque je me suis privé moi-même du plaisir de savoir ce que je vous demande, je passe condamnation et je vais parler d'autre chose. Vous ne savez pas où nous allons?

— Non, monseigneur.

— Je vais donc vous le dire pour vous prouver que je n'ai pas cette vertu de discrétion que je recommande si fort à la jeunesse.

— Ah! monseigneur, répondit Louis en souriant, ce n'est pas une grande faute chez vous que de trahir un secret qu'il faudra toujours bien que je sçusse.

— Ne m'ôtez pas le mérite que je veux avoir envers vous, interrompit Rambouillet qui semblait s'amuser à cet entretien pendant que les chevaux galopaient. Nous allons à un village à quatre lieues d'ici, où nous devons trouver un gentilhomme qui m'attend pour parler avec moi des affaires du Roi.

— J'en suis ravi, monseigneur, si la conversation doit tourner à l'avantage de Sa Majesté.

— J'espère qu'il en sera ainsi. Je ne suis pas fâché, toutefois, de vous prévenir que ce gentilhomme et sa suite vous paraîtront peut-être un peu extraordinaires, et que la couleur de leurs écharpes pourra déplaire à vos yeux de bon catholique.

— Que voulez-vous dire, monseigneur? Allons-nous donc avoir affaire à des Turcs?

— A peu près, mon ami, puisque c'est à un employé du roi de Navarre que je vais parler.

Louis se mit à rire.

— J'admire, monseigneur, s'écria-t-il, comme vous me faites de grandes confidences, et j'en suis tout glorieux ; mais comme probablement j'aurais appris tous ces détails de la bouche de ceux qui suivent le messager du Béarnais, je suppose qu'en m'instruisant si bien, vous avez quelque chose à m'ordonner. Faites, monseigneur, faites sans crainte, je suis jeune à la vérité; mais ce n'est pas (que je sache), un déshonneur, et comme je compte, en toute humilité, sur mon esprit autant que sur mon courage pour m'avancer à la cour, je suis très-désireux de trouver des occasions d'établir ma réputation dans tous les genres; comptez donc que je mourrais plutôt que de vous donner lieu d'avoir un repentir si vous vous confiez à moi.

— Allons, décidément, s'écria Rambouillet en riant, j'ai eu la main heureuse ce matin, je suis tombé sur le phénix des archers écossais, et la première fois que Sa Majesté aura besoin d'un ambassadeur bien retors, je lui recommanderai mon ami M. de La Mothe-Baranne. Pour le faire bref, continua Rambouillet d'un ton plus sérieux, sachez donc que j'attends de vous, une fois de retour à Blois, le plus profond secret sur notre expédition. Le Roi tient très-particulièrement à ce qu'on ignore les rapports qu'il entretient avec son beau-frère, et comme il est fort possible que les résultats espérés n'aient pas lieu, il est sage de se taire. La personne que je vais rencontrer s'appelle M. de Rosny, c'est le grand favori du Béarnais; vous n'aurez sans doute pas occasion de parler à ce seigneur, mais comme il se pourrait que les gens de sa suite vous fissent des questions, je suis bien aise de vous avertir d'être très-prudent.

— Soyez assez bon, monseigneur, pour me tracer mon thême.

— Le voici, il est très-simple. Si l'on vous interroge sur la mort de M. de Guise, vous répondrez que vous n'en savez pas les détails; que seulement vous avez appris que depuis long-temps la justice du Roi avait résolu de frapper un grand coupable, et que cette nuit même le sujet rebelle voulait attenter à la vie de son maître. Vous éviterez soigneusement de parler du rôle que les Ordinaires passent pour avoir joué dans cette occasion. Seulement vous pourrez affirmer hardiment que tous les Lorrains qui étaient à Blois sont arrêtés et sous les verroux, que Mayenne va être pris à Lyon, et que la ville d'Orléans est occupée en ce moment par le maréchal d'Aumont. Enfin, vous me comprenez?

— A merveille, monseigneur! Je crois qu'il s'agit de montrer combien le Roi est sûr d'être le plus fort?

— Allons, allons, on fera quelque chose de vous, dit Rambouillet; et si vous me servez dans cette occasion comme je le prévois, soyez tranquille pour l'avenir, j'aurai soin de votre fortune.

Comme après avoir prononcé ces mots, Rambouillet ne parla plus, Louis crut de son devoir de ne pas poursuivre l'entretien.

Le courtisan s'enfonça dans ses méditations; probablement il devança en idée le moment où il allait se trouver aux prises avec le négociateur du roi de Navarre; l'archer, lui, eut des pensées moins graves et moins dignes d'occuper la postérité, mais qui cependant pour lui avaient tout autant de valeur que pouvait en avoir pour Rambouillet la perspective du raccommodement des deux monarques. Louis pensa à sa chère Barbette.

Il ne faudrait pas s'imaginer, parce que les événemens de ce récit me forcent à passer lestement sur les tendres monologues du jeune homme amoureux, que les intérêts de sa passion lui tinssent médiocrement à cœur. On aurait grand tort de se l'imaginer ingrat. A la vérité, il était à une époque de la vie, où mille soins réclament une part dans l'activité de l'âme, où l'on songe tout à la fois à l'amour, à la fortune, à la gloire; mais lorsqu'on a une âme bien faite, et je me flatte que celle de Louis de La Mothe-Baranne était des mieux créées, on se tire à son honneur de tant d'occupations diverses. Le jeune archer aimait passionnément sa belle, qu'on le sache bien, et si je ne le répète pas plus souvent, c'est ma faute et non la sienne; il y avait entre lui et Barbette le sentiment le plus tendre et le plus solide.

La convenance d'humeur, cette sympathie mystérieuse qui, sans autre raison, suffit à fonder l'amour, existait entre eux au plus haut degré. S'il est vrai que toute âme soit sœur d'une autre âme, théorie charmante, mais un peu romanesque, sur laquelle je n'aurais pas l'outrecuidance de me prononcer, il est bien certain que l'âme de Louis était pareille à celle de Barbette. Enfin, tout ce que je dirais à ce propos ne pourrait rien ajouter à cette parole qui résume tout: Louis adorait Barbette comme au jour où elle lui avait donné son anneau.

Et vraiment, puisque ma pensée s'est reportée vers la charmante femme de maître Gorgebut, pourquoi ne laisserais-je pas le seigneur de Rambouillet et son archer d'escorte galoper délibéremment au-devant de M. de Rosny, pour m'en retourner jeter un coup-d'œil sur ce qui se passe à Melun? Melun est une ville bien intéressante, en général; surtout dans mon récit, elle tient une grande place. Retournons à Melun.

Le lendemain du jour où Briscambille était venu si brusquement changer tous les subtils travaux de la comtesse de Tranchille, M. le gouverneur avait été mandé de grand matin par son épouse ingrate, et cet illustre seigneur avait reçu, de la bouche de l'écuyer, un ordre si positif de se presser de comparaître, que, tout en soupirant fort, il lui avait fallu passer dans l'appartement de madame la comtesse avec son bonnet de nuit et sa robe de chambre. Il y avait bien quinze ans qu'il s'était dispensé de prendre cette liberté.

— Que me voulez-vous, madame? dit monseigneur, avec un ton qui témoignait de son irritation intérieure. Je parais devant vous les cheveux en désordre, la moustache inculte, la barbe non parfumée et le reste de la toilette à l'avenant. Mais c'est vous qui me forcez à une telle inconvenance. Le feu est-il à Melun? Sommes-nous menacés d'un assaut?

— Monsieur le comte, j'ai voulu vous prier de faire sortir de prison M. le lieutenant-général du bailliage.

— Ah! bah! Vous vous êtes donc trompée!

— Je ne me trompe jamais ; mais mes instructions ont changé.

— J'en suis bien aise; mais j'aurais préféré que ce changement eût lieu plus tôt, et de manière à m'épargner une sottise. Je n'étais pas bien déjà avec ce cerbère ; je vais être désormais à couteaux tirés. Quoi qu'il en soit, mettons-le dehors. Et la conspiration qu'il a inventée, que faudra-t-il en faire?

— Ah! mon Dieu, que sais-je, moi! laissez-la lui conduire!

— C'est bon. Je vais m'habiller aussi promptement que possible et aller délivrer mon homme. Il doit être furieux ; à sa place, je ne me connaîtrais plus de colère.

Monsieur le comte quitta sa femme, enchanté au fond du cœur de l'échec que venait d'avoir la politique de madame la comtesse.

A la vérité, elle n'avouait pas cet échec; mais c'eût été être fou que d'espérer de l'en faire convenir. Il suffisait que la chose fût évidente pour que monseigneur se sentît grandir dans sa propre estime de tout ce que sa femme y perdait.

Enfin une douce quiétude lui revenait dans l'âme. Il était un peu troublé, il est vrai, de la crainte que le lieutenant-général ne prît la chose fort mal; mais, après tout, le seul fait de voir sa femme dans son tort le consolait de bien des appréhensions.

— Je ne donnerais pas cette histoire-là, pensait monseigneur, en se faisant attacher sa toque de velours avec des épingles, pour dix mille écus d'or; j'en tirerai des allusions désagréables à ma chère moitié pendant tout le reste des jours que nous avons à passer ensemble sur cette terre.

Monseigneur étant convenablement paré, se rendit à la prison.

Il se fit introduire dans le cachot où languissait le magistrat, et sitôt qu'il eut aperçu cet illustre personnage couché sur la paille :

— Ah! monsieur, ah! mon ami, lui dit-il d'une voix lamentable, que j'ai donc de douleur à l'idée de la mauvaise nuit que vous venez de passer.

— Nuit terrible en effet, répondit maître Eustache Maillot, et qu'un magistrat n'aurait jamais dû connaître. Mais quelle nouvelle venez-vous m'apporter, monseigneur?

— Je viens vous délivrer, mon ami !

— Me délivrer ! quelle joie !

— Livrez-vous-y en toute sûreté ! Allons, geoliers, détachez les menottes, et les fers qui sont aux pieds.

Le lieutenant-général fut en un tour de main délivré de tout le sinistre appareil qui, depuis la veille, lui faisait savourer par expérience physique tous les charmes du système pénitentiaire de l'époque. Il avait si froid, il était si engourdi par une nuit passée sur la paille, en décembre, qu'il eut quelque peine à se remettre sur ses pieds. Enfin, il reprit à peu près son équilibre, et sa première parole fut digne de lui.

— Qu'a-t-on fait des prisonniers que j'ai ramenés hier ? s'écria-t-il.

— Ils sont tranquillement dans leurs cachots, comme il sied à d'honnêtes coquins, répondit le geolier en chef.

— C'est bon, répondit aussitôt maître Eustache, ayez-en soin: c'est-à-dire, veillez de près à ce qu'ils ne puissent s'échapper. Je vais aller chez moi me remettre un peu, et je reviens pour commencer l'instruction avec torture ordinaire et extraordinaire.

— Voilà de pauvres diables de prisonniers, pensa monseigneur, qui vont payer cher l'erreur de ma femme.

— Pour vous, monsieur le gouverneur, reprit le magistrat d'un ton sec, vous avez été un peu bien vite en besogne avec moi, avec un ancien ami.

— Mille pardons! s'écria monseigneur, mais j'ai été trompé.

— On ne se trompe pas ! Mais, n'importe, je suis sans rancune.

— Que dites-vous là ? monsieur. Vous me voulez un mal de mort, et je vous assure que vous n'avez pas raison.

— Non, vous dis-je, je ne vous en veux pas, et je vous le prouverai.

Le ton dont maître Eustache Maillot prononça ces paroles était fort sinistre et tout homme en eût frémi. Monseigneur n'y manqua pas.

— Il en sera comme vous voudrez, s'écria-t-il avec douleur ; mais je vous assure que je ne suis pour rien dans le malheur qui vous est arrivé.

— Monseigneur, n'insistons pas, répliqua une dernière fois maître Eustache Maillot; je ne suis ni un fou, ni un sot, ni un enfant, et quand un gouverneur me fait mettre au cachot, il a mauvaise grâce a venir me dire ensuite que ce n'est pas lui. — Moi! moi, qui vous avais, par pure amitié, si bien débarrassé de ce seigneur de Chanteclaude! Mais je ne suis pas fâché, vous dis-je, et la preuve, c'est que votre ennemi restera en prison! Il y restera et il aura la torture tout comme les autres. Mais je sais pourtant ce que je dois penser.

Monseigneur vit qu'il n'y avait pas moyen de convertir cet énergumène et il méditait une honnête retraite avec disposition à aller visiter ses bonnes petites bourgeoises, quand le lieutenant-général ajouta :

— J'espère au moins qu'on n'a pas saisi les dépêches qui peuvent être arrivées pour moi de Paris?

— On n'y a pas touché, soyez-en sûr.

— Monseigneur, c'est sous votre responsabilité au moins!

— Je m'en moque, on n'y a pas touché.

— Aujourd'hui, je continuerai l'instruction du procès, et soyez certain qu'avant huit jours, vous verrez pendre ici plus d'une personne qui ne s'y attend pas.

— Pourvu que ce ne soit pas moi, pensa monseigneur en s'éloignant à grands pas.

Maître Eustache Maillot courut à son logis déjeûner, se chauffer et ouvrir ses dépêches.

Ce magistrat de Melun était un personnage que le pauvre gouverneur avait grande raison de craindre, et que madame la comtesse avait eu tort d'offenser, puisqu'il n'était rien moins que le chef de la Ligue dans la ville et aux environs. Aussi sa rancune était-elle une mauvaise acquisition que monseigneur avait faite.

FIN DU DEUXIÈME VOLUME.

LA FERTÉ-S-JOUARRE. — IMP. DE GUÉDON.

PUBLICATIONS RÉCENTES :

FÉLICIEN MALLEFILLE.
MÉMOIRES DE DON JUAN,
4 vol. in-8°.

THÉOPHILE GAUTIER.
PARTIE CARRÉE,
3 vol. in 8°.

ALEXANDRE DUMAS fils.
TROIS HOMMES FORTS,
4 vol. in-8°.

ANTONINE	**LA VIE A VINGT ANS,**
2 vol. in-8°.	2 vol. in-8°.

ALEXANDRE DUMAS.
LE DRAME DE 93.
SCÈNES DE LA VIE RÉVOLUTIONNAIRE,
7 vol. in-8°.

AMAURY,	**LES FRÈRES CORSES,**
4 vol. in-8°.	2 vol. in-8°.

F. DE BAZANCOURT.
LES AILES D'UN ANGE,
2 vol. in-8°.

NOBLESSE OBLIGE,	**LES HOMMES NOIRS,**
2 vol. in-8°.	2 vol. in-8°.

Paris. — Imprimerie de H. V. de Surcy et Cie, rue de Sèvres, 57.

www.ingramcontent.com/pod-product-compliance
Lightning Source LLC
Chambersburg PA
CBHW060511170426
43199CB00011B/1405